Siegfried Scharrer

Theologische Kritik der Vernunft

Theologische Beiträge, 1

Siegfried Scharrer

Theologische Kritik der Vernunft

Vorwort von Helmut Thielicke

Katzmann Verlag Tübingen

CIP-Kurztitelaufnahme der Deutschen Bibliothek

Scharrer, Siegfried
Theologische Kritik der Vernunft. – 1. Aufl. –
Tübingen: Katzmann.
(Theologische Beiträge; 1)
ISBN 3-7805-0360-3

Gesamtherstellung: Gulde-Druck, Tübingen
Printed in Germany 1977
ISBN 3-7805-0360-3

Inhaltsverzeichnis

Vorwort

Der erste Teil dieses Buches*, der den Leser in Darstellung und Auseinandersetzung zugleich über weite Bereiche der wissenschaftstheoretischen Literatur orientiert, setzt sich zum Ziele, die Wahrheitskriterien des Empirismus nicht mit Hilfe *theologischer* Maßstäbe zu destruieren, sondern mit solchen, die dem Empirismus selbst innewohnen. Insofern soll es zu einer Art Selbstkritik der empirischen Vernunft kommen, und zwar mit Methoden, »die aus ihr selbst entstanden sind«. Diese immanente Kritik kommt zu dem Ergebnis, daß sich bei der empirischen Vernunft das »Vertrauen auf das faktische Vorgehen der empirischen Wissenschaften« mit einer »verzweifelten Suche nach dem Kriterium« verbindet, um dem nicht (absolut) erfüllbaren Postulat der Nachprüfbarkeit nachzujagen. Das dabei wirksame Motiv erweist sich als vor-rational. Es wird *vor allem* manifest durch den Aufweis einer selbst nicht mehr objektivierbaren Prämisse: daß nämlich letzten Endes durch eine Willensentscheidung dekretiert wird, »was sinnvoll zu sein hat«. Insofern maßt sich der Empirismus nach der Sicht des Verfassers Verfügungsgewalt über die Basis an, auf der er das Gerüst seiner Sätze errichtet.

Die hier in Anspruch genommene, von SCHARRER sorgfältig eruierte Entscheidungsgewalt über die Systembasis wirkt sich natürlich nicht als *Beliebigkeit* der Wahl aus. Fragt man nach den hier maßgeblichen Motiven, stellt sich vielmehr heraus, daß irrationale, z. T. im Ethischen wurzelnde Antriebe im Spiel sind. Motive dieser Art sind etwa das »Vertrauen . . . auf den empirischen Instinkt« sowie die wiederum ethische Bereitschaft, »liebgewordene Theorien« unter dem Druck der Wirklichkeit fallen lassen zu können.

Daß der Verfasser in diesem einleitenden Teil das logistische Experimentierfeld – um nicht von einer »Spielwiese« zu sprechen –

---

* Die Arbeit lag im April 1974 dem Fachbereich Evangelische Theologie der Universität Hamburg als Dissertation vor.

selbst bis in entlegene Ecken durchstreift, mag in einer letztlich *theologisch* bestimmten Arbeit verwunderlich erscheinen. Doch bedarf es dieser Vorarbeit einer immanenten Kritik, wenn eine Reflexionsebene freigemacht werden soll, auf der es dann zu dem eigenen systematischen Versuch des Verfassers kommen soll: eben zu einer theologischen Kritik der Vernunft. Wenn die Theologie einen bestimmten Aspekt der Wirklichkeit vermittelt und insofern ein Korrektiv aller »natürlichen« Weltorientierung beinhaltet, ist ihr zugleich die Aufgabe zugewiesen, eine Art Korreferat zu den vorliegenden, z. B. empiristischen, Referaten über die Wirklichkeit zu sein. Ist es aber so, dann würde sie sich ihren Wirklichkeitsaspekt sicher zu leicht machen, wenn sie jene andern »Referate« nicht bis ins Detail zur Kenntnis und dann auch ernst nähme.

Die in diesem Zusammenhang sich ergebende Auseinandersetzung mit POPPER halte ich für besonders scharfsinnig und überzeugend; glücklicherweise läßt sie ihn auch nicht in der vielfach üblichen Weise als Bloß-Positivisten erscheinen. Diese Kontroverse bestätigt das zuvor erarbeitete Resultat: daß nämlich die Vernunft »existenzgebunden« sei, d. h. im Zusammenhang psychosomatischer, sozialer und geschichtlicher Bedingungen gesehen werden müsse, daß deshalb ihre Begründungszusammenhänge durch Entscheidungen und Setzungen bedingt seien.

Damit wird die *Person* des Wissenschaftlers thematisiert, so gewiß z. B. in jedem Satz über ein Ereignis zugleich eine Deutung, also ein Moment beteiligter Subjektivität, mitgegeben ist. Diese Subjektivität kann etwa in so präjudizierenden Faktoren wie der »Fragestellung« und der »Versuchsanordnung« zum Ausdruck kommen. Hier berühren sich, vom Verfasser selbst vermerkt, SCHARRERS Folgerungen mit der Krisis der Subjekt-Objekt-Relation in der Mikrophysik.

Als Fazit aller immanenten Selbstkritik der empirischen, an die Person des Forschers gebundenen Vernunft wird die These aufgestellt, daß sich der außerrationale Faktor des *Vertrauens* hier als fundamentum rationis melde. Das Gebäude unseres Daseins ruht auf einem Grunde (einem »Basissatz«), der nicht beweisbar, sondern Gegenstand einer Entscheidung ist. »Wir schweben, aber wir vertrauen.« Dieses Vertrauen ist jedoch – und hier kann SCHARRER

wieder POPPER zitieren – nicht das Ende, sondern der Beginn des Wissen-können. Vertrauen ist »der Ermöglichungsgrund der Vernunft«. – Das soll nun im zweiten Teil des Buches durch »nichtempirische Rückkopplung« seine Bestätigung finden.
Die Thematisierung der *Sinnfrage*, die in dem besprochenen Wahrheitsverständnis enthalten ist, setzt die Antizipation eines nicht objektivierbaren *Ganzen* der Welt voraus, und zwar sowohl in der räumlichen wie in der zeitlichen Erstreckung. Gerade dieser Vorgriff auf die Totalität impliziert aber einen »ungeheuren Vertrauensvorschuß«, ein »tragendes Einverständnis«. In diesem Sinne vertraut HABERMAS auf »die Kräfte der Selbstreflexion«.
Doch nicht nur die antizipierte Totalität als das »Letzte« setzt Vertrauen voraus, auch für die Geltung der *Axiome* als des gleichsam »Ersten« ist es die conditio sine qua non: Jedes Denken fordert das Vertrauen auf die Tragfähigkeit des Denksystems, so gewiß man »bereits an etwas glauben (muß), um etwas anderes rechtfertigen zu können« (so eines der vielen beigebrachten STEGMÜLLER-Zitate).

Der theologische Überbau, der sich über dem so errichteten Fundament erhebt, setzt mit einer Analyse des hebräischen Wahrheitsbegriffs ein und steht unter dem Stichwort »Wahrheit als Vertrauen«.
Wahrheit in diesem Sinne umfaßt die »Aussagewahrheit«, die »Richtigkeit«, die »Logik« (vor allem im Rechtsverfahren) sowie die »Gemeinschaft« und ist überdies »geschichtlich« strukturiert. Sie gründet in dem geschichtswirkenden Gott und seinem Jahwe-Namen. »Gott definiert sich« – ganz unplatonisch – »durch seine Geschichtstaten«. Da die Gesamtheit dieser Taten erst vom Ende der Geschichte her einsehbar und zum Gegenstand des »Schauens« wird, ist beim Jahwe-Glauben ebenfalls ein proleptisches Vertrauen im Spiel, das den entscheidenden Grund unseres Denkens, d. h. unseres kognitiven Umgangs mit der Geschichte und der Welt überhaupt, bildet.
Mit dem Aspekt »Wahrheit als Vertrauen« korrespondiert biblisch der andere: »Wahrheit als Person«, so wie er im Wort des johanneischen Christus: »Ich bin . . . die Wahrheit« angedeutet ist. Obwohl damit die Wahrheit als etwas mich existentiell Ange-

hendes ausgesagt wird, schließt das die Feststellung von Richtigkeit und Anspruch auf Objektivität nicht aus, sondern ein (wie SCHARRER in Auseinandersetzung mit BULTMANN und GOLLWITZER überzeugend verdeutlicht).

Das eigentliche theologische Resümee beginnt *erstens* mit der Feststellung, daß also die »existenzgebundene Vernunft« und die »Wahrheit als Person« sich gegenüberstehen. In diesem Gegenüber kommt die »erkenntnistheoretische Bedeutung des Wirkens Jesu« zum Ausdruck. Hier kommt es zu einer kunstvollen Verschlingung der so gezogenen Konsequenzen mit den früheren wissenschaftstheoretischen Erörterungen. In diesem überaus facettenreichen Bild ist vor allem die Tendenz wichtig, die seine Kompostion bestimmt: Sie zielt auf die Feststellung, daß sich die behandelten Erkenntnispositionen des Empirismus immer wieder als Versuche diagnostizieren lassen, die Vernunft zu einem usus normativus hochzustilisieren und sie damit zur Trägerin von Selbstschutzmaßnahmen (»Abwehrmechanismen«) des adamitischen Menschen werden zu lassen. Da das Erkennen als *Existenz*vollzug aufgewiesen wurde, nimmt es an Sünde, Abfall, Entfremdung und Wiedergeburt teil. Es gehört zum »Werk« des Menschen, und die Person ist's, die die Werke charakterisiert (persona facit opera, sagt LUTHER).
Zweitens: Wenn das Vertrauen so als die conditio sine qua non aller kognitiven Akte erwiesen ist, kann der Verfasser seine theologische Auswertung in mehreren Thesen zusammenfassen:
a) »Daß wir *vertrauen müssen*, ist . . . ein Symptom dafür, daß wir von der Wahrheit getrennt sind«, daß wir uns nicht mehr in Unmittelbarkeit zu ihr verhalten, sondern uns im Zustande der Entfremdung befinden.
b) »Daß wir *vertrauen dürfen*, ist . . . zugleich ein transzendierendes Zeichen, das hinweist auf den personalen Grund von Existenz und Geschichte.«
c) Vertrauen als der »Ermöglichungsgrund schlechthin« für das Erkennen bleibt unverfügbar. Es wird »geschenkt«.
d) Vertrauen umgreift »Gemeinschaft«. Von da her wird das Postulat der Intersubjektivität (als Begründung einer empirisch verstandenen Allgemeingültigkeit) in Beziehung gesetzt zur Ge-

meinschaft der Glaubenden und zur »Plausibilitätsstruktur« (im Sinne Peter Bergers).

e) Entsprechend wird das wissenschaftstheoretische Postulat der Nachprüfbarkeit in Beziehung gesetzt zur »Nachfolge«, zum konkreten experimentum fidei.

f) In dem Abschnitt »Theologie als Wissenschaft« führt die Gegenüberstellung von Offenbarung und theologischem Reflexionsakt zu dem Dualismus zwischen kerygmatischen Basis- und reflexiven Folge-Sätzen. Auch hier kann Scharrer wieder auf Poppersche Gedanken zurückgreifen, um sie in theologischen Analogien sich spiegeln zu lassen.

Das Buch schließt mit dem Ausblick auf die Lebenswirkung der als Vertrauen verstandenen Wahrheit sowie auf eine Fülle programmatischer Gesichtspunkte, die in Anthropologie und Sozialethik fruchtbar zu machen sind. Gerade hier wird erkennbar, daß dieses Werk auch in seinen abstrakten Partien nicht an einem entrückten Schreibtisch entstand, sondern hintergründig mit vielerlei Erfahrungen gesättigt ist, die der Verfasser in seiner aufopfernden Sozialarbeit gewonnen hat.

Diese einführenden Worte können nur ein sehr unzureichendes Bild dessen zeichnen, was den Leser beim Studium dieses tiefsinnigen, in langer Gedankenarbeit und in vielen Gesprächen entstandenen Buches erwartet. Sie müssen vor allem verschweigen, wo Scharrers Untersuchungen vermutlich Zustimmung gewinnen und wo sie zum Widerspruch reizen. Es gehört zur Lebendigkeit dieses Buches, daß man es nur in einem höchst bewegten Dialoge mit dem Autor lesen kann, und daß gerade sein Engagement, seine »Subjektivität« ein solches Zwiegespräch provoziert. Der Verfasser selbst schreibt ja aus einem eigenen Dialoge mit den vielerlei Wissenschaftstheoretikern, deren Kontroversen und »Hinterfragungen« die theologische Situation der Gegenwart maßgeblich mitbestimmen. Wer Freude an wissenschaftlicher Prosa hat, dem werden vermutlich die taciteische Kürze und die Prägnanz des Sagens gefallen. Nur so konnte – fast thesenförmig – diese Fülle der Aspekte in einem schmalen Bande eingefangen werden.

Helmut Thielicke

Wer einmal Kritik gekostet hat, den ekelt auf immer alles dogmatische Gewäsche, womit er vorher aus Not vorlieb nahm, weil seine Vernunft etwas bedurfte, und nichts Besseres zu ihrer Unterhaltung finden konnte.

KANT

Theologische Kritik der Vernunft

0

Was ist Wahrheit? Das Fragepronomen deutet auf ein Neutrum hin. Was ist ein »Neutrum«? Was bedeutet »Fragepronomen«? Und die Kopula? Was heißt hier »bedeuten«?

Wovon reden wir überhaupt? Wer sind »wir«? Und überhaupt?

Fragen, Probleme, Zirkel. Wir müssen viel voraussetzen, bevor wir beginnen. Wir müssen am Anfang springen: in die Sprache. Wir können nicht am Nullpunkt ansetzen. Wir müssen voraussetzen, daß wir, wenn wir grammatikalisch und syntaktisch korrekt die deutsche Alltagssprache benutzen, verstanden werden.

Wir vertrauen darauf.

1 Vorbemerkung

1.1 Theologische Kritik der *Vernunft?*

Was heißt »Vernunft«? Wir werden hier keine Definition geben, damit würden wir nämlich nur einer Präjudizierung Vorschub leisten. Der Gegenstandsbereich zeigt sich in der Abhandlung selbst. Wir untersuchen die menschliche Vernunft, wie sie sich im Vollzug darstellt, zunächst an Hand eines Modellfalles, der empirischen Vernunft.

1.2 Theologische *Kritik* der Vernunft?

Wir verstehen unter »Kritik« hier nicht ein negatives Urteilen, sondern den Versuch, eine Krisis, eine Scheidung, durchzuführen. Sie soll Klarheit bringen. Die Kritik verdeutlicht sich durch den Gang der Arbeit.

1.3 *Theologische* Kritik der Vernunft?

Wir werden hier ebenfalls keine Definition von »Theologie« geben, sondern im Vollzug der *ganzen* Arbeit zeigen, was theologische Kritik heißen kann. Erst innerhalb dieses Vollzuges werden wir dann auch »Theologie« definieren.

1.4 Zum Gang der Arbeit

Ausgangspunkt und inhaltliche Klammer bildet die Frage: Was ist Wahrheit? Deshalb werden wir zunächst eine vorläufige Begriffsbestimmung von »Wahrheit« am Modellfall der empirischen Vernunft geben. Diese Bestimmung wird aber nicht als feststehender Ausgangspunkt genommen, sondern am Modellfall selbst problematisiert. Hier führen wir eine Selbstkritik der Vernunft mit ihren »eigenen« Methoden bis zu ihrer Grenze durch. Sodann untersuchen wir die Probleme dieser Grenze und schließlich den Weg der Theologie von dieser Grenze her.

1.5 Zur Methode

Methode, die Weise den Weg zu gehen, deuteten wir eben beim Gang der Arbeit an. Kommen wir auf unterschiedliche Modelle zu sprechen, werden wir die jeweils den Problembereichen eigenen Methoden anwenden. Die die Verschiedenheit der Methoden wie Bereiche umgreifende »Methode« ist eigentlich nur ein *Motiv:* Die stupide Warum-Frage. Wir wollen uns vornehmen, uns diese Frage von niemandem an irgendeiner Stelle verbieten zu lassen. Dieses Motiv hat ein *Ziel:* Wir sind auf der Suche nach Gründen.

1.6 Wir machen demnach folgende *Voraussetzungen:*

a) Wir benutzen die deutsche Alltagssprache.
b) Wir arbeiten innerhalb der verschiedenen Bereiche mit den dort angegebenen Methoden.
c) Zugleich stellen wir permanent die Warum-Frage.

1.7 Die verschiedenen Sprachebenen

Wie in den ersten Sätzen der Abhandlung zu ahnen ist, werden wir drei Sprachebenen öfters verwenden: Einmal die oben genannte Umgangssprache, in der z. B. von »Apfel, Tisch, zeigen, Arbeit, Gang« die Rede ist. Dann eine reflektierte Sprache, in der eben von »reflektieren, Wissenschaft, Methode« geredet wird. Zuweilen auch eine formalisierte Sprache, um einerseits Positionen zu verdeutlichen, die diese Sprache benützen, oder selbst Präzision zu erreichen; in dieser wird dann beispielsweise mit x, y, →, ∧ operiert. Mehr wollen wir in dieser Einleitung noch nicht verraten.

2 Vorläufige Begriffsbestimmung von »Wahrheit«

Wahrheit ist die Übereinstimmung einer Aussage mit einem Sachverhalt.

3 Modellfall: Die empirische Vernunft

3.1 Intuitive Problemskizze

Wahrheit als Richtigkeit ist die Übereinstimmung einer Aussage mit einem Sachverhalt.[1]
Eine Aussage ist aber ein Satz, der die Möglichkeit hat, wahr oder falsch zu sein. (Wir weisen hier ausdrücklich darauf hin, unbedingt die Anmerkungen in den Fußnoten mitzulesen, da wir dort nähere Erläuterungen oder Definitionen geben). Eine Aussage ist also ein

---

[1] *Exkurs: Adäquationstheorie der Wahrheit.* Diese Auffassung knüpft an die traditionelle Adäquationstheorie der Wahrheit an, wie sie vor allem in der Scholastik im Anschluß an ARISTOTELES geprägt wurde:
a) Vgl. THOMAS v. AQUIN: »veritas est adaequatio rei et intellectus«. De veritate, I,1; vgl. auch ALBERTUS MAGNUS, Sum. theol. 1,25,2.
b) THOMAS v. AQUIN führt sie auf AVICENNA zurück (vgl. Anm. 1a), dieser auf das Definitionenbuch des Neuplatonikers ISAAK ISRAELI; vgl. dazu HEIDEGGER, Sein und Zeit, S. 214.
c) Vgl. schon ARISTOTELES, de interpretatione, 1,16 a 6: »ταὐτὰ πᾶσι παθήματα τῆς ψυχῆς, καὶ ὧν ταῦτα ὁμοιώματα πράγματα ἤδη ταὐτά.«
d) KANT setzt sie in seiner Kritik der reinen Vernunft voraus: »Die Namenerklärung der Wahrheit, daß sie nämlich die Übereinstimmung der Erkenntnis mit ihrem Gegenstande sei, wird hier geschenkt, und vorausgesetzt« (S. 102).
e) Diese Erklärung ist natürlich keine eigentliche Definition, da das Problem in den Ausdrücken »adaequatio« »intellectus« »res« oder jetzt »Übereinstimmung« »Aussage« »Sachverhalt« liegt. Um diese Begriffe kreist deshalb auch unsere Abhandlung in Teil 3.
f) Der heutigen Diskussion liegt die von dem polnischen Logistiker A. TARSKI geprägte, philosophisch »neutrale«, aber logisch exakte Formulierung zugrunde: »Eine wahre Aussage ist eine Aussage, welche besagt, daß die Sachen sich so und so verhalten, und die Sachen verhalten sich eben so und so.« (S. 67.) Oder in einem allgemeinen Schema ausgedrückt: »x ist eine wahre Aussage dann und nur dann, wenn p«. Beispiel: »›Es schneit‹ ist eine wahre Aussage dann und nur dann, wenn es schneit.« (S. 68.) (Die Zitate des nicht leicht zugänglichen TARSKI-Textes: Der Wahrheitsbegriff in den formalisierten Sprachen, in: Studia Philosophica, I, Lemberg 1936, S. 261–405, sind dem teilweisen Abdruck bei BOCHENSKI, Denkmethoden, S. 67ff entnommen).
g) Nun läßt sich zeigen, daß in jeder Sprache, z. B. unserer Alltagssprache, die auch den Ausdruck »wahr« enthält, Widersprüche konstruiert werden können, wenn die Gesetze der Logik gelten sollen. Das klassische Beispiel ist das des Lügners, der behauptet: »Ich lüge«. TARSKI zeigt, daß diese sogenannten semantischen Antino-

Behauptungssatz. Er behauptet etwas, was unter bestimmten Bedingungen wahr oder falsch ist.[2]

Seine Wahrheit muß an einem Sachverhalt gemessen und entschieden werden können. Diese so anerkannten Aussagen nennt man Basissätze. Da in der empirischen Wissenschaft aber nicht bloß einzelne Behauptungssätze, sondern ganze Satzsysteme und Theorien vorkommen, müssen auch diese auf die Basissätze zurückzuführen sein. Beide eben genannten Aspekte meint die Forderung der Nachprüfbarkeit.

Wie können wir nun sicher sein, *in* bestimmten Sätzen, Satzsystemen oder Theorien auch wirklich empirisch Gehaltvolles und nicht pure Hirngespinste ausgesagt zu haben? Diese Frage führt zum sogenannten empiristischen Sinnkriterium.

Doch was heißt nun eigentlich »empirisch«? Hier geht es um das Basisproblem selbst. Wir machen wiederum skizzenhaft die Probleme bewußt, wenn wir zugespitzt formulieren: Empirisch heißt beobachtbar. Beobachtbar ist das »Gegebene«, die Fakten. Folglich ist ein System von Sätzen auf einen Satz über das »Gegebene« zurückzuführen. Dieser wiederum ist am »Gegebenen« zu verifizieren (s. o.). Der Akt der Verifikation setzt aber Gültigkeit voraus, d. h. Evidenz. Wodurch wird nun das »Gegebene« evident? Einfach, indem wir sehen, tasten usw., d. h. durch unsere Sinne. Daher stellte der ältere Positivismus[3] die empirische Wahrheit auf

---

mien an dem »Universalismus« (S. 72) der Alltagssprache liegen; diese stellt nämlich ein semantisch geschlossenes System dar. Das Problem läßt sich nur durch eine Aufspaltung der Sprache in eine Objekt- und Metasprache lösen. In der letzteren wird »über« die Objektsprache gesprochen. Nur in dieser Metasprache kommt dann auch der Ausdruck »wahre Aussage« vor. Wird also in einem Satz die Wahrheit eines anderen behauptet, dann gehört der erste zur Metasprache; der, dessen Wahrheit behauptet wird, zur Objektsprache. (Zu diesem Problemkreis vgl. STEGMÜLLER, Wahrheitsproblem, S. 15ff.)

[2] Vgl. dazu ARISTOTELES, de interpretatione, 4,17 a 1ff: »Es hat also ... jede Kundgebung die Eigenschaft, etwas zu bedeuten; aber nicht jede hat auch die Eigenschaft, etwas zu behaupten, sondern ... nur dann, wenn ihr das Wahr- oder Falschsein innewohnt.« (Übersetzung von H. SCHOLZ, Abriß, S. 3). Die entscheidende griechische Passage: »... ἀλλ' ἐν ᾧ τὸ ἀληθεύειν ἢ ψεύδεσθαι ὑπάρχει.«

[3] z. B. E. MACH und R. AVENARIUS. M. SCHLICK, der Begründer des sogenannten »Wiener Kreises«, prägte für sie den Ausdruck: »Immanenzpositivismus«; vgl. dazu STEGMÜLLER, Hauptströmungen, S. 362.

Zum Unterschied *»empirisch-empiristisch«: ›Empirisch‹* sind alle synthetischen Aussagen; vgl. dazu Anm. 7. *›Empiristisch‹* meint dann die *philosophische Grund-*

Sinnesevidenz. Sinne hat jeder Mensch. Die Wahrheit kann also von jedem nachgeprüft werden. Sie ist allgemeingültig. Deshalb ist sie von subjektiven Meinungen unabhängig, objektiv, d. h. richtig. Wahrheit ist Richtigkeit.

In dieser Skizze steckt natürlich ein Rattenschwanz von Problemen. Wir gehen so vor, daß wir die Zentralthese der Nachprüfbarkeit untersuchen, und zwar in zwei Teilschritten: Zuerst wenden wir uns dem empiristischen Sinnkritierium zu, dann dem Basisproblem selbst. Dabei werden wir auch die genannten Implikationen der Nachprüfbarkeit (Evidenz, Allgemeingültigkeit, Unabhängigkeit, Objektivität) näher beleuchten.

3.2 *Problematisierung:*

3.2.1 Ausgangspunkt: Die Forderung der Nachprüfbarkeit

In einer ersten Annäherung können wir nun die wissenschaftliche Arbeit so beschreiben: Wir grenzen aus der Menge der alltäglichen sprachlichen Äußerungen bestimmte Sätze, eben die erwähnten Aussagen, aus. Für diese wird dann die Forderung erhoben, daß sie irgendwie nachprüfbar sind. Dadurch sollen sie von bloßen Hirngespinsten unterscheidbar sein. In dem »irgendwie« steckt das ganze Problem des Nachprüfens. Aus dem Motiv der Unterscheidbarkeit von Hirngespinsten leitet sich die Suche nach dem sogenannten empiristischen Sinnkriterium ab.

Die Forderung der Nachprüfbarkeit ist keineswegs nur das Stekkenpferd empirischer Wissenschaftler, sondern für die wissenschaftliche Arbeit schlechthin unabdingbar. Heinrich Scholz, gewiß kein Positivist, nennt diese Forderung Kontrollierbarkeitspostulat: »Von einer Wissenschaft werden wir nicht nur verlangen müssen, daß sie aus Behauptungen besteht, die mit dem Wahrheitsanspruch belastet sind, sondern wir werden zu fordern haben, daß diese Behauptungen so formuliert sind, daß ihr Wahrheitsan-

---

einstellung, nach der es unmöglich ist, durch reines Nachdenken – also ohne empirische Kontrolle – Aussagen über die »wirkliche Welt« zu machen; vgl. Anm. 9. Zur Problematik des »*Gegebenen*« vgl. Stegmüller, Phaenomenalismus, S. 13ff. Auf dieses Problem kommen wir bei der Behandlung der Erfahrungsbasis (3.2.3) zurück.

spruch irgendwie *nachgeprüft* werden kann. Denn ein Wahrheitsanspruch, der sich jeder Nachprüfung entzieht, ist ein undiskutierbarer Wahrheitsanspruch; und wenn wir auch nur soviel verhüten wollen, daß niemand sich unterstehen darf, das Blaue vom Himmel herunterzuholen und es dann als Wissenschaft auszugeben, ...«[4]
Erst recht gilt dies für die empirische Vernunft. Doch wie sind empirische Sätze von nicht empirischen unterscheidbar? Diese Frage, die das Problem der Definition des empirischen Gehaltes, der empirischen Information theoretischer Sätze enthält, führt zur Suche nach dem sogenannten empiristischen Sinnkriterium.[5]

3.2.2 *Auf der Suche nach dem empiristischen Sinnkriterium:*

3.2.2.1 Hinführung

Um noch einleuchtender zu verdeutlichen, *warum* die Frage nach dem Sinnkriterium gestellt werden muß und welche Voraussetzungen wir gleichzeitig bei seiner Formulierung machen müssen, geben wir acht Hinführungsschritte an.
a) Wir zeigten: Aussagen sind Sätze, für die bestimmte Bedingungen angegeben werden können, unter denen sie wahr oder falsch sind. Dies heißt, ihren Wahrheitswert nennen.[6] Die Menge dieser Gesamtaussagen können wir dann in zwei Teilmengen aufgliedern, die logisch-analytischen und die nicht analytisch determinierten synthetischen oder empirischen Aussagen.[7] Die ersteren

---

[4] H. SCHOLZ, Wie ist eine evangelische Theologie als Wissenschaft möglich?, S. 233.

[5] Zum Ganzen vgl. vor allem STEGMÜLLER, Theorie und Erfahrung, S. 181ff und S. 293ff; STEGMÜLLER, Wahrheitsproblem, S. 262ff; dort sind auch die meisten von uns in diesem Zusammenhang zitierten Werke angegeben.

[6] Erste Voraussetzung: Gültigkeit der Logik, genauer der aristotelischen zweiwertigen Logik. Auf dieses Problem kommen wir in Teil 4.3.

[7] Zweite Voraussetzung. Die Unterscheidung von Aussagen, die nicht auf Erfahrung gründen, und solchen, die auf Erfahrung beruhen, geht auf die Unterscheidung von KANTS analytischen und synthetischen Urteilen zurück. Vgl. dessen Beispiele: »alle Körper sind ausgedehnt« = analytisch; ein Erläuterungsurteil. Dagegen: »alle Körper sind schwer« = synthetisch; ein Erweiterungsurteil. »*Erfahrungsurteile, als solche, sind insgesamt synthetisch.*« (Kritik der reinen Vernunft, S. 52f.)
Einen ähnlichen, weniger präzisen Versuch der Unterscheidung finden wir bei

werden bereits durch die logischen Zeichen oder durch Analytizitätspostulate bestimmt[8], für die zweiten sind Beobachtungen, eben empirische Feststellungen[9] nötig. Nur diese letzten Aussagen interessieren uns hier.

b) Wir fassen diese Aussagen in unserer Alltagssprache[10] ab – eine andere haben wir ja nicht. Nun zeigt sich aber, daß diese Alltagssprache, selbst wenn sie grammatikalisch korrekt benützt wird, Sätze zuläßt, die weder analytisch noch empirisch sind (aber dennoch grammatikalisch in Ordnung).[11]

c) Beispiel: »Adenauer ist eine Primzahl«.[12] Der Satz behauptet offensichtlichen Unsinn. Er besitzt keinen Mitteilungsgehalt[13], beschreibt also keinen Sachverhalt. Oder anders: Wir können keine Bedingungen nennen, unter denen er wahr oder falsch wäre. Er hat keinen angebbaren Wahrheitswert.

d) Nun ist jedoch der Fall denkbar, daß irgendein merkwürdiger Zeitgenosse diesen Satz für sinnvoll hält und Bedingungen angibt.

Hume: relations of ideas – matters of fact. »Alle Gegenstände der menschlichen Vernunft und Forschung lassen sich naturgemäß in zwei Arten zerlegen, nämlich in *Beziehungen von Vorstellungen* und *in Tatsachen.*« (Untersuchung über den menschlichen Verstand, S. 35.) Vergleiche weiter die Unterscheidung von vérités de raison – vérités de fait bei Leibniz: »Die *ursprünglichen* Wahrheiten, die man durch Intuition erkennt, sind ebenso wie die *abgeleiteten* von zweierlei Art: sie gehören entweder zu den *Vernunftwahrheiten* oder zu den *Tatsachenwahrheiten.*« (Neue Abhandlungen, S. 419.)

8 Es ist ein Unterschied zu Kant zu beachten: »Analytisch« ist der weitere, »logisch« der engere Begriff.
Logische Wahrheiten: sie sind durch die Bedeutung der logischen Verknüpfungszeichen festgelegt. Beispiel: »Kant ist sterblich *oder* Kant ist *nicht* sterblich.«
Analytische Wahrheiten: sie sind die logischen Folgerungen von Aussagen, in welchen eine Bedeutungsrelation von Ausdrücken festgehalten wird. Beispiel: »Kein Junggeselle ist verheiratet.«

9 Dritte Voraussetzung: Es zeigt sich, daß synthetisch in der Empirismusdiskussion mit synthetisch a posteriori im Kantschen Sinn gleichgesetzt wird. Die Kantsche Hauptfrage: »Wie sind synthetische Urteile a priori möglich?« (Kritik der reinen Vernunft, S. 59) wird dann nämlich abgeschnitten.

10 Vierte Voraussetzung: die Alltagssprache; vgl. Teil 0.

11 Fünfte Voraussetzung: die Gültigkeit der Syntax. Wir nennen dies eine »Regelevidenz«.

12 Wir legen hier eine Grammatiktheorie zugrunde, die allein die Syntax – ohne Semantik – behandelt. Vgl. zur Terminologie (Syntax, Semantik, Pragmatik) Menne, Einführung, S. 14.

13 Sechste Voraussetzung: Mitteilbarkeit (Intersubjektivität). Dieses Problem behandeln wir in 3.2.3.4.3. Es geht also um eine kognitive Signifikanz, nicht etwa um eine kausale Wirkung: Unser Beispielsatz kann ja Gelächter hervorrufen.

Wir würden diese zwar sicherlich nicht akzeptieren. Aber das Problem besteht nun für die empirische Vernunft darin: Wie können wir offensichtlich Sinnloses von Sinnvollem unterscheiden?[14] Unsere Intuition, unser Gespür weiß es ja bereits; wie können wir dieses intuitive Wissen entfalten, explizieren und unseren Gesprächspartner überzeugen? Es wird demnach ein Kriterium gesucht, auf Grund dessen eine Kontrolle, eben ein Nachprüfen und Entscheiden möglich ist.

e) Um ein solches Kriterium zu formulieren, brauchen wir einen Fixpunkt, also zumindest eine schon – auch von unserem Gesprächspartner – anerkannte Beobachtungsaussage. Wir setzen hier voraus, daß dieses Problem gelöst ist.[15]

f) Wir halten ein: Unser Satz »Adenauer ist eine Primzahl« ist strittig. Unser Problem ist, wie finden wir ein Entscheidungskriterium, das eine sinnvolle Aussage von offensichtlichem Unsinn unterscheiden läßt.

g) Die erste Möglichkeit wäre, die Grammatik unserer Alltagssprache ließe gar nicht erst zu, einen solchen Satz zu bilden. Dann wäre unser Problem schon »im Vorfeld« gelöst. Aber die Grammatik läßt es ja zu. Also liegt das Problem doch in unserer Alltagssprache, die uns hier verhext[16]. Sie ist zu vage, enthält für unsere Problemlösung eine Lücke.

---

[14] Empirisch sinnvoll ist also ein Satz dann, wenn er entweder wahr oder falsch ist, d. h. einen Wahrheitswert besitzt. Dieser Wahrheitswert ist seine Bedeutung. Folglich können wir aussagen-logische Verknüpfungen vernehmen und dabei völlig vom (inhaltlich gedachten) Sinn abstrahieren.
Die Bedeutung des Satzes ist hier entscheidend. Diese grundlegende Unterscheidung von Bedeutung und Sinn geht auf G. Frege zurück: »So werden wir dahin gedrängt, den *Wahrheitswert* eines Satzes als seine Bedeutung anzuerkennen.« (Sinn und Bedeutung, S. 149.) Sein instruktives Beispiel: »Morgenstern« und »Abendstern« haben einen verschiedenen Sinn, aber dieselbe Bedeutung, nämlich den Planeten Venus, vgl. S. 148.
Haben zwei inhaltlich völlig verschiedene Aussagen den gleichen Wahrheitswert, dann sind sie bedeutungsgleich: »Wenn nun der Wahrheitswert eines Satzes dessen Bedeutung ist, so haben einerseits alle wahren Sätze dieselbe Bedeutung, andererseits alle falschen« (Frege, S. 150). Dies ist die Voraussetzung, um mit aussagenlogischen Verknüpfungen überhaupt operieren zu können.

[15] Siebte Voraussetzung: Das Basisproblem ist »gelöst«. Wir werden es in 3.2.3 diskutieren.

[16] Diese Vorstellung ist durch Wittgenstein in die Diskussion gekommen: »Die Philosophie ist ein Kampf gegen die Verhexung unseres Verstandes durch die Mittel unserer Sprache.« (Philosophische Untersuchungen, Nr. 109.)

h) Wie können wir diese Lücke füllen? Nur durch eine »Zusatzgrammatik«, die nicht so vage ist. Die exakteste Syntax, die es gibt, ist aber die Logik. Folglich müssen wir eine Beziehung, eine logisch-deduktive Relation[17] zwischen unserem strittigen Satz, der offensichtlich sinnlos ist, und nicht sinnlosen, schon anerkannten Beobachtungssätzen herstellen. Dies ist das Motiv, ein empiristisches Sinnkriterium zu formulieren.

Wir haben eben absichtlich diesen Gedankengang so weit ausgewälzt, um gleichzeitig zu zeigen, wie viele Nebenvoraussetzungen wir machen müssen, um die Forderung der Nachprüfbarkeit überhaupt exakt formulieren zu können. Der Leser möge deshalb besonders diese Voraussetzungen im Gedächtnis behalten. Sie werden uns später immer wieder beschäftigen.

3.2.2.2 *Die Phasen des Suchens:*

Wir werden sieben Versuche, ein Kriterium zu formulieren, kennenlernen. Versuch 1 bis 4 gehört der ersten Phase an, Versuch 5 und 6 der zweiten, Versuch 7 der dritten.[18]

3.2.2.2.1 Ein erster Versuch: Die Verifikationsmöglichkeit einer Aussage

Schon WITTGENSTEIN, einer der Väter empiristischer Theoretiker, sagte: »Jeder Satz ist die Anweisung auf eine Verifikation.«[19] Deshalb lag es nahe, daß in der ersten Phase der Diskussion die vollständige Verifizierbarkeit[20] einer Aussage als notwendige und hinreichende Bedingung[21] für ihre empirische Signifikanz angesehen wurde. Da in einer Wissenschaft – wie wir oben sagten – Sätze

---

17 Gültigkeit der Logik vorausgesetzt; vgl. Anm. 6.

18 Für diese Phaseneinteilung berufen wir uns auf STEGMÜLLER, vgl. Anm. 5. Die dortigen Überlegungen und v. a. präzisen Formulierungen der Kriterien bilden die entscheidende Grundlage unserer Ausführungen.

19 Philosophische Bemerkungen, Nr. 150. Vgl. damit CARNAP, Überwindung der Metaphysik, S. 236: «... daß der Sinn eines Satzes in der Methode seiner Verifikation liegt. Ein Satz besagt nur das, was an ihm verifizierbar ist.«

20 Neben WITTGENSTEIN die Auffassung des Wiener Kreises (WAISMANN, SCHLICK, CARNAP). Vgl. dazu CARNAP, Logische Syntax, S. 249.

21 Vgl. CARNAP (1928), Scheinprobleme, S. 47.

wieder auf Beobachtungssätze zurückgeführt werden müssen, ist es präziser, so zu formulieren: »Eine synthetische Aussage ist genau dann empirisch signifikant, wenn sie aus einer konsistenten endlichen Klasse von Beobachtungssätzen logisch gefolgert werden kann«.[22]

Nun taucht aber eine Schwierigkeit auf: Alle unsere Naturgesetze sind generelle Aussagen, d. h. der logischen Form nach unbeschränkte Allsätze in raum-zeitlicher Hinsicht. Ihre Verifikation könnte nur durch unendlich viele Beobachtungen, genauer Beobachtungsaussagen erfolgen. Wir können aber unmöglich das Universum so unendlich vollständig durchforschen. Selbst hunderttausend Beobachtungen beweisen ein solches Gesetz nicht. Dies ist prinzipiell nicht möglich. Folglich sind solche Allaussagen auch nicht aus einer endlichen Klasse von Beobachtungsaussagen ableitbar. Das Kriterium würde also sämtliche Allsätze als empirisch nicht sinnvoll ausschließen. Es ist daher zu eng. Kein Physiker könnte mit ihm arbeiten. Diese Gesetze werden aber doch gerade von der empirischen Vernunft (hier: Naturwissenschaft) benötigt und verwendet. Gleichzeitig wäre das Kriterium auch zu weit: Unser witziger Modellsatz »Adenauer ist eine Primzahl« ließe sich nämlich durchaus als logische Folge von Beobachtungssätzen darstellen:

Wenn A eine verifizierbare Aussage, z. B. die Beobachtungsaussage: »Heute regnet es in Hamburg« darstellt, dann ist A laut Kriterium aus Beobachtungssätzen deduzierbar. Ebenso aber auch eine Zusammenstellung in Form einer Disjunktion[23]: A v B; d. h. die Gesamt-Aussage »Heute regnet es in Hamburg oder Ade-

---

[22] Diese Fassung bringt Stegmüller, Theorie und Erfahrung, S. 192. Zur Erklärung der wichtigsten Begriffe:

a) Wir drücken die *hinreichende und notwendige Bedingung* umgangssprachlich mit »genau dann, wenn« aus. Logisches Symbol: $\leftrightarrow$ (Äquivalenz). Sie ist genau dann wahr, wenn beide Teilaussagen der Verknüpfung den gleichen Wahrheitswert haben (vgl. dazu Menne, Einführung, S. 38).

b) *konsistent:* logisch nicht widerspruchsvoll.

c) *»logisch folgt«* ($\underset{L}{\rightarrow}$): Der Spielraum einer Aussage, d. h. die Möglichkeiten, bei denen sie wahr ist, ist in der folgenden Aussage enthalten (vgl. dazu am verständlichsten Carnap, Symbolische Logik, S. 17 u. 20).

[23] Die Gesamtaussage ist wahr, wenn wenigstens eine der beiden Teilaussagen wahr ist. Vgl. zur Disjunktion: Menne, Einführung, S. 35.

nauer ist eine Primzahl« ist empirisch signifikant. Dies ist sicher nicht im Sinn der empiristischen Väter. Demnach ist der erste Versuch gescheitert.
Wie kann man sich aus dieser Zwickmühle befreien? Wenn die Verifikationsmöglichkeit nicht klappte, versuchen wir es doch mit der Kehrseite, der Falsifikationsmöglichkeit.

3.2.2.2.2 Ein zweiter Versuch: Die Falsifikationsmöglichkeit einer Aussage

Diese interessante Variante, die vor allem durch POPPER in die Diskussion geworfen wurde, wird uns in anderer Weise später noch beschäftigen.[24] Analog zum ersten Versuch könnte man das Kriterium exakt so formulieren: »Eine synthetische Aussage ist genau dann empirisch signifikant, wenn ihre Negation aus einer konsistenten endlichen Klasse von Beobachtungssätzen logisch gefolgert werden kann«.[25]
Wie zu ahnen ist, tauchen die umgekehrten Schwierigkeiten zu vorhin auf: Jetzt sind generelle (unbeschränkte) Existenzhypothesen ausgeschlossen. Beispiel: »Es gibt Einhörner«. Denn um eine solche Aussage zu falsifizieren, wären ja wiederum unendlich viele Beobachtungen, d. h. hier Beobachtungssätze nötig.[26] Doch diese können wir aus dem gleichen Grunde wie beim ersten Versuch nicht durchführen. Andererseits treiben Hypothesen den Wissenschaftsprozeß voran. Es muß doch zunächst eine These behauptet werden, bevor sie überhaupt überprüft werden kann.[27] Generelle Existenzhypothesen können hier gerade wichtig werden. So könnte beispielsweise ein Astronom die Hypothese von der Exi-

---

[24] Vgl. POPPER (1935), Logik der Forschung, S. 14ff. Allerdings ist zu beachten, daß POPPER diese Forderung nicht als Sinnkriterium ansah, sondern als Prüfungsmethode für *Hypothesen*.
[25] STEGMÜLLER, Theorie und Erfahrung, S. 194.
[26] Dies gilt nicht für raum-zeitlich *beschränkte* Existenzsätze, z. B.: »In Hamburg regnet es am 1. 1. 73« ist falsifiziert, wenn tatsächlich an diesem Tag in Hamburg kein Tropfen Wasser fiel.
[27] Vgl. dazu auch WEIZSÄCKER, Einheit der Natur, S. 126: »Eine Wahrheit in der Wissenschaft wird fast immer zuerst geahnt, dann behauptet, dann umstritten und dann bewiesen.«

stenz eines Sternes aufstellen, der bisher durch astronomische Apparaturen noch nicht entdeckt werden konnte.[28] Das Kriterium erweist sich als zu eng.
Auch die beim ersten Versuch angeführte zweite Widerlegung trifft hier in modifizierter Form zu: Verbinden wir mal unsere beiden Teilaussagen A und B zu einer Konjunktion[29] ($A \wedge B$): »Heute regnet es in Hamburg« ist falsifiziert, eben wenn festgestellt wird, daß es nicht regnet. Diese Aussage kann aber nach dem Kriterium aus der Klasse von Beobachtungsaussagen geschlossen werden. Dann gilt aber auch die Konjunktion: »Heute regnet es in Hamburg *und* Adenauer ist eine Primzahl«. Die Falsifikation überträgt sich auf die Gesamtaussage. Hier ist unser Kriterium zu weit.
Auch dieser zweite Versuch mißlingt. Das Dilemma scheint ausweglos. Aber wagen wir einen neuen Vorstoß: Wir könnten ja beide Kriterien miteinander kombinieren.

3.2.2.2.3 Ein dritter Versuch: Das Kombinationskriterium

Eine Aussage ist genau dann empirisch signifikant, wenn sie entweder prinzipiell verifiziert (also Versuch 1 zutrifft) oder prinzipiell falsifiziert (also Versuch 2 zutrifft) werden kann.
Um es kurz zu machen: Jetzt werden kombinierte All- und Existenzaussagen ausgeschlossen. Diese haben die Form: Für alle x gibt es wenigstens ein y, so daß gilt F(x, y,). Solche Sätze kommen aber gerade in der »höheren Mathematik« vor.[30] Halten wir das Kriterium aufrecht, dann dürfte höhere Mathematik nicht mehr in den empirischen Wissenschaften angewandt werden. Unmöglich! Wir verdeutlichen das Dilemma an einem verständlicheren Beispiel: »*Jedes* Kind hat *einen* Vater« ist eine kombinierte All- und Existenzaussage. Unser Kriterium würde sie ausschließen. Unser empirischer Instinkt weiß aber schon längst, daß diese Aussage eine zumindest bisher gut bestätigte Hypothese ist.

---

[28] Vgl. STEGMÜLLER, Hauptströmungen, S. 403.
[29] Die Gesamtaussage ist nur dann wahr, wenn beide Teilaussagen wahr sind. Vgl. zur Konjunktion: MENNE, Einführung, S. 34.
[30] Vgl. STEGMÜLLER, Theorie und Erfahrung, S. 196.

3.2.2.2.4 Ein vierter Versuch: Unvollständige Bestätigungsfähigkeit

Unsere drei bisherigen Kriterien gehen davon aus, daß eine Menge von Beobachtungsaussagen zugrunde gelegt wird und aus dieser Menge dann die strittige Aussage logisch gefolgert werden muß.

AYER[31] versucht, dem bisherigen Scheitern ein Ende zu bereiten. Er schließt mit seinem Vorschlag an den tatsächlichen Vorgang wissenschaftlichen Arbeitens an. Dessen Hauptkennzeichen ist: Aus Theorien sollen Voraussagen abgeleitet werden können. Gerade diese Möglichkeit unterscheidet sie von Hirngespinsten, die man bekanntlich nicht für Voraussagen verwenden kann. Nun sind aber für Voraussagen nicht nur Theorien nötig, sondern darüber hinaus Zusatzbedingungen, die sogenannten Randbedingungen. Aus beiden zusammen lassen sich dann Voraussagen ableiten, aber nicht aus einem Teil (Theorie oder Randbedingung) allein. AYERS Kriterium formuliert STEGMÜLLER so: »Eine Aussage S ist genau dann empirisch signifikant, wenn es endlich viele Aussagen gibt, aus deren konjunktiver Zusammenfassung mit S eine Beobachtungsaussage logisch gefolgert werden kann, die aus jenen anderen Aussagen allein nicht zu folgern ist.«[32] (Diese komplizierte Formulierung zeigt uns, wie erleichternd doch eine symbolische Darstellung ist.) Zunächst verdeutlichen wir das so:

a) Aussage S
b) endlich viele Aussagen

---

c) Beobachtungsaussage

a + b sind die Prämissen, c die Konklusion, das ganze Schema a, b, c nennt man einen Schluß; der Strich soll den Schlußschritt andeuten. Die bekannteste Schlußregel ist der sogenannte modus ponens:[33]

---

31 Vgl. AYER, Language, S. 11ff.
32 STEGMÜLLER, Theorie und Erfahrung, S. 197; vgl. AYER, Language, S. 11.
33 »Wenn eine Implikation und ihr Implikans gelten, dann gilt auch das Implikat für sich«; MENNE, Einführung, S. 55.

wenn gilt:	$p \rightarrow q$
und gilt:	p
so gilt:	q

Diese Schlußregel offenbart sogleich – wie AYER selbst merkte –, daß das Kriterium wiederum nicht brauchbar ist: Es läßt jeden beliebigen Schluß*satz* zu. Nehmen wir unsere vertrauten Beispiele:

p	»Adenauer ist eine Primzahl«
$(p \rightarrow q)$	»Wenn Adenauer eine Primzahl ist, dann regnet es heute in Hamburg«.

(«$p \rightarrow q$« steht hier stellvertretend für eine Theorie, »p« für eine Randbedingung.)
Daraus läßt sich mit der genannten Schlußregel ableiten:

q »Heute regnet es in Hamburg«.

Dieser Beobachtungssatz ist also aus Prämissen[34] abgeleitet worden, zu denen eine offensichtlich sinnlose Aussage gehört. Das Kriterium verbietet diese unsinnige Aussage nicht. Ja noch mehr, es schließt überhaupt nichts aus. Das war aber doch gerade das Motiv! Die Logik entlarvt hier das Kriterium als unhaltbar.
AYER versuchte, sein Kriterium durch den Begriff der direkten oder indirekten Bestätigungsfähigkeit zu präzisieren. Doch auch diese Verbesserung schlug fehl.[35]

3.2.2.2.5 Teilergebnis:

Die bisherigen Kriterien waren so gebaut, daß eine logische Relation zwischen einer bestimmten Klasse von Aussagen und einem Beobachtungssatz (der als unproblematisch vorausgesetzt wurde) aufgezeigt werden sollte. Der Unterschied zwischen den verschie-

---

[34] Wir weisen darauf hin, daß wir gemäß dem Kriterium den Satz nicht »aus jenen anderen Aussagen allein« gefolgert haben. In unserem Fall kann man sich durch Einsetzung beliebiger Wahrheitswerte für p und q unschwer davon überzeugen, daß aus $p \rightarrow q$ allein nicht p logisch folgt.

[35] Vgl. dazu die Darstellung bei STEGMÜLLER, Theorie und Erfahrung, S. 198f, wo dieser Fehlschlag nachgewiesen wird. Wir haben die dortigen Ableitungen nachgeprüft und können uns daher mit diesem Hinweis begnügen; vgl. AYER, Language, S. 13.

denen vier Versuchen bestand nur in der je verschiedenen Art dieser Relation. Das Ergebnis zeigte jedesmal, daß das Kriterium entweder zu eng, zu weit war oder gar keine Aussage ausschloß! Wir könnten vielleicht verwundert fragen, wozu dieser große Aufwand? Doch schalten wir nicht vorschnell ab: Wir bemühen uns ja gerade darum, zu entfalten, *was* die Forderung der Nachprüfbarkeit, ohne die doch wissenschaftliches Arbeiten undenkbar wäre, meinen könnte. Die Notwendigkeit dieser verzweifelten Bemühung leitet sich von der Forderung der Nachprüfbarkeit und damit von der empirischen Wahrheit selbst ab.

Immerhin wollen wir schon jetzt auf zwei Nebeneffekte unserer bisherigen Ausführungen aufmerksam machen:

a) Wir fragen: Weshalb wurde die Suche nach Kriterien immer wieder so emsig vorangetrieben? Wir sehen hier zwei Motive miteinander konkurrieren: Zum einen geht es um das Motiv, empirisch sinnvolle Aussagen von bloßen Hirngespinsten unterscheiden und letztere ausschalten zu können. Eben darum, daß nicht – wie H. SCHOLZ meinte – das Blaue vom Himmel heruntergeholt und als Wissenschaft ausgegeben wird. Zum anderen widersprachen die Kriterien immer wieder dem faktischen empirischen Vorgehen verschiedener Wissenschaftszweige. Dieser »empirische Instinkt« sagte uns, daß das Kriterium nicht stimmen kann. Deshalb wurde es ja jedesmal ad acta gelegt.

Das faktische wissenschaftliche Handeln konkurrierte also mit dem Ausgrenzungsmotiv. Den Sieg in diesem Kampf erlangte das faktische wissenschaftliche Vorgehen. Wir *vertrauten* demnach auf unseren empirischen Instinkt. Dieses vorläufige Ergebnis wird von ungeheuerer Tragweite sein.

b) Ein weiterer Nebeneffekt wird deutlich, wenn wir dieses »Vertrauen auf den empirischen Instinkt« näher entfalten. Was geschah dabei? Doch dies: Die verschiedenen Theoretiker fällten eine *Entscheidung* zugunsten des faktischen wissenschaftlichen Vorgehens *gegen* die verschiedenen Kriterien. Sie hätten ja auch eine bestimmte Fassung des Kriteriums aufrechterhalten können. Die Schöpfer der Kriterien hätten sich verbissen daran klammern können. Sie taten es nicht. Diese Entscheidungshandlung zeigt ein *ethisches* Motiv, beispielsweise eigene »liebgewonnene« Theorien fallen lassen zu können.

Nach dieser kurzen Zwischenüberlegung wollen wir aber weiter nach einem empiristischen Sinnkriterium suchen. Die Forderung der Nachprüfbarkeit zwingt uns dazu, wenn wir nicht den Boden der empirischen Vernunft verlassen wollen.

3.2.2.2.6 Ein fünfter Versuch: Das Übersetzungskriterium

Wenn wir weiterkommen wollen, müssen wir kurz einhalten und überlegen, woran es lag, daß wir bisher kein brauchbares Kriterium fanden. Worin gründet diese Schwierigkeit?
Wir haben bisher so gearbeitet: Aus der Alltagssprache hatten wir die syntaktisch korrekten, also zulässigen Aussagen zugrunde gelegt und dann nachträglich versucht, mit Hilfe der Kriterien die empirisch signifikanten Aussagen auszuscheiden. Das scheiterte. Vielleicht wäre es erfolgversprechender, nicht erst nachträglich Aussagen auszuscheiden, sondern sinnlose Aussagen gar nicht erst entstehen zu lassen. Statt einer sprachlichen Symptomtherapie prophylaktische Wurzelbehandlung! Unsere Grammatik läßt offensichtlich sinnlose Aussagen zu, sie ist also krank und wir versuchten – ohne die schädlichen Wurzeln zu beseitigen – mit logischen Deduktionen an dem von ihr schon produzierten Krankheitsherd herumzukurieren.
Die heilsame Radikalkur wäre daher: Wir bestimmen die Sprachregeln so, daß sie eine nachträgliche Symptomtherapie überflüssig machen. Es muß eine neue Sprache geschaffen werden.
Diesem Unternehmen widmete sich vor allem RUDOLF CARNAP[36], den wir aus diesem Grund einen »syntaktischen MARX« nennen könnten.
Wie ist nun eine solche neue Sprache aufzubauen[37]? Wir zeigen dies verkürzt so: Das Vokabular enthält logische Zeichen und nichtlogische. Die Bedeutung der ersteren ist ja genau durch eine Wahrheitswerttabelle fixiert. Sie bilden unsere jetzt exakte Grammatik. Den nichtlogischen Inhalt der Sprache füllen die un-

---

[36] CARNAP, Testability, 1936, S. 419ff, 1937, S. 1ff, bes. Teil IV: The construction of a language-system.
[37] Wir halten uns vor allem an die verständlichere Darstellung bei STEGMÜLLER, Theorie und Erfahrung, S. 199ff, vgl. auch HEMPEL, Modifikationen, S. 114ff.

definierten empirischen Grundprädikate und Individuenkonstanten. Diese beziehen sich nur auf grundsätzlich Beobachtbares.[38] Alle neuen Ausdrücke müssen daher auf diese definitorisch zurückgeführt werden. Wir können dann also nur Einzelsätze, sogenannte Atomsätze, bilden, die Beobachtbares beschreiben. Sie sind unsere Basissätze. Alle neu einzuführenden Sätze müssen daher in diese neue empiristische Sprache, wir nennen sie L_E, zu übersetzen sein.

Gleichzeitig tritt an die Stelle der »Verifikation« oder »Falsifikation« der viel weitere Ausdruck »Bestätigungsfähigkeit«. Zu den logischen Zeichen sollen nämlich auch die sogenannten gemischten Quantoren gehören, die uns bei den ersten drei Versuchen immer Schwierigkeiten bereiteten. Dürfen wir sie verwenden, dann können wir auch sehr komplizierte Aussageverbindungen bilden. Durch das »alle« wird aber – wie wir sahen – die vollständige Verifikation, durch das »es gibt« die vollständige Falsifikation ausgeschlossen. Deshalb führt CARNAP den weiteren Begriff der »Bestätigungsfähigkeit«[39] ein. Empirisch ist unsere Sprache L_E genau dann, wenn alle ihre Sätze bestätigungsfähig sind.

Für unser Problem des Sinnkriteriums[40] können wir nun das Kriterium so formulieren: Eine synthetische Aussage S ist genau dann empirisch signifikant, wenn sie in L_E zu übersetzen ist.[41]

---

38 Hier steckt natürlich – wie bisher – das Hauptproblem. Wir setzen hier dieses Problem »als gelöst« voraus. Es wird uns sowieso in Teil 3.2.3 beschäftigen. Das Dilemma läßt sich zeigen, selbst wenn an diesem Punkt Klarheit herrschen sollte.

39 Vgl. CARNAP, Testability, 1936, S. 434ff; Näheres bei STEGMÜLLER, Theorie und Erfahrung, S. 201ff; am besten: STEGMÜLLER, Hauptströmungen, S. 404ff. Bei der Bestätigungsfähigkeit unterscheidet man einerseits zwischen der *vollständigen* Rückführbarkeit einer Aussage auf eine andere (= rein logische Ableitung) und der *unvollständigen* (z. B. bei Allsätzen), andererseits (je nach den verwendeten Schritten) zwischen *direkter* und *indirekter*. Natürlich ist der Begriff »Bestätigungsfähigkeit« ebenfalls mit der ganzen Problematik von »beobachtbar« belastet, weil er auf diesem beruht.

40 CARNAP hat in »Testability« kein Kriterium explizit formuliert. Die Fassung geht vielmehr auf HEMPEL, Changes, S. 173, zurück: »Eine Aussage hat einen kognitiven Sinn, genau dann, wenn sie in eine empiristische Sprache übersetzbar ist.« (Deutsche Übersetzung, S. 114).

41 Vgl. STEGMÜLLER, Theorie und Erfahrung, S. 204: »Ein synthetischer *Satz* ist empirisch signifikant genau dann, wenn er in L_E übersetzbar ist.« Wir halten dagegen an dem früheren Sprachgebrauch »synthetische *Aussage*« fest.

Was ist aber der Vorteil dieser Sprache? Die Elimination, das schwierige Aussondern brauchen wir erst gar nicht mehr vorzunehmen. Syntaktischer Unsinn kann nicht vorkommen, es würde über sinnlose Sätze überhaupt nicht gesprochen: »Adenauer ist eine Primzahl« kann nicht mehr gebildet werden, da der Satz keinen beobachtbaren Sachverhalt beschreibt. Folglich darf er auch nicht in einer konjunktiven ($\wedge$) oder disjunktiven ($\vee$) Verbindung auftauchen. Das Ausgrenzungsproblem ist endlich gelöst. Das neue Stichwort ist »Übersetzung«.

Doch freuen wir uns nicht zu früh: Das Aussonderungsproblem ist zwar erledigt. Aber wie führen wir neue Begriffe ein? Ein Einführungsproblem entsteht.

Es meldet sich nämlich wieder die Stimme des faktischen wissenschaftlichen Vorgehens. Die meisten Begriffe der empirischen Wissenschaften sind »Dispositionsbegriffe«[42]. Disposition heißt hier ein Vermögen, bei bestimmten Tests zu reagieren. Diese Begriffe beziehen sich nicht auf unmittelbar beobachtbare Phänomene, sondern haben nur eine Disposition zu ihnen. Das heißt, das Zutreffen des mit diesen Begriffen Ausgesagten wird sich erst herausstellen. Erst unter geeigneten Bedingungen ist es möglich zu entscheiden, ob ein Merkmal, das der Dispositionsbegriff meint, vorliegt. Wir erkennen in unserer Alltagssprache diese Begriffe vor allem an den Endsilben -lich, -bar, -isch. Beispiele: Löslich in Wasser, magnetisch, demokratisch usw.

Wenn wir nun diese für die Naturwissenschaften und die Soziologie[43] wichtigen Begriffe in unsere neu aufgebaute Sprache einführen wollen, müssen wir sie durch eine Definition auf die (Beobachtungs-)Grundterme zurückführen. Wie könnte dies geschehen? Die Dispositionsbegriffe enthalten ja ein »Vermögen«, d. h. sie geben eine Bedingung an; wenn diese vorliegt, zeigt sich eine bestimmte Reaktion, z. B. daß sich eben ein Gegenstand (beispielsweise: Zucker) in Wasser auflöst. Es liegt daher nahe, sie mit Hilfe eines Konditionalsatzes »wenn – dann« ($\rightarrow$) einzuführen. Nun wissen wir aber schon auf Grund der Definition (nämlich der

---

[42] STEGMÜLLER bringt die Diskussion darüber erst in Kap. IV von Theorie und Erfahrung, S. 213ff.

[43] Vgl. dazu OPP, Methodologie der Sozialwissenschaften, S. 124ff.

Wahrheitswertzuteilung) dieses Zeichens →, daß die Gesamtaussage auch dann wahr ist, wenn die erste Teilaussage falsch ist.[44] Konkret: Wir brauchen überhaupt nicht Zucker in Wasser legen, trotzdem wäre diese Gesamtaussage »Wenn Zucker ins Wasser gelegt wird, löst er sich auf« wahr.
Die definitorische Rückführung gelingt also nicht. CARNAP zeigte dies.[45] Da aber die empirischen Wissenschaften die strittigen Begriffe benützen müssen, fällt das ganze Kriterium hin.
Einen Rettungsversuch könnte man unternehmen, wenn wir überlegen, daß das eben genannte Problem an dem Wahrheitswert der Konditionalaussage scheiterte.
Zwei Auswege böten sich an: Einmal könnten wir anstelle der mißlichen Implikation (→) eine kausale Implikation fordern ($\underset{K}{\rightarrow}$). Das hieße, »daß q mit kausaler Notwendigkeit eintritt, wenn p der Fall ist«. Zum anderen könnten wir neben den realen Fällen auch den Irrealis einbeziehen: »Immer wenn man x ins Wasser geben *sollte, würde* es sich darin auflösen«. Also eine subjunktive Implikation ($\underset{S}{\rightarrow}$)[46]. Gerade diese letzte Interpretation kommt wohl dem gemeinten Sinn der Dispositionsbegriffe am nächsten.
So schön beide Möglichkeiten wären, leider ist es bisher nicht gelungen, weder die »kausale Implikation«, also kausale Notwendigkeit zu definieren, noch die Wahrheitsbedingungen für subjunktive Konditionalsätze zu nennen.[47] Das Dilemma bleibt. Das Kriterium ist wiederum an dem faktischen Vorgehen der empirischen Vernunft gescheitert; denn es ist notwendig, Dispositionsbegriffe in den empirischen Wissenschaften zu verwenden.
Noch weit schwerer wiegt folgender inhaltlicher Einwand[48] gegen das Übersetzungskriterium. Erinnern wir uns: Genau dann, wenn die Übersetzung S* von S (ein neu einzuführender Satz) in die Sprache von L_E eine zulässige Aussage von L_E darstellt, ist S empi-

---

44 Vgl. dazu MENNE, Einführung, S. 36.
45 Vgl. CARNAP, Testability, 1936, S. 440.
46 Diese Symbole für die logischen Operationen sind STEGMÜLLER, Theorie und Erfahrung, S. 221, entnommen.
47 Vgl. STEGMÜLLER, Theorie und Erfahrung, S. 221f. Dies hängt mit den ungelösten Problemen der Art von »Gesetzen« zusammen, vgl. STEGMÜLLER, Erklärung und Begründung, S. 283ff und 452ff.
48 Er geht auf I. SCHEFFLER zurück, vgl. STEGMÜLLER, Theorie und Erfahrung, S. 211.

risch signifikant. Will ich die Angemessenheit der Übersetzung beurteilen, zeigen ob eine wirklich korrekte vorliegt, dann müssen die Wahrheitswerte von S* und S gleich sein. Genau dann ist die Übersetzung adäquat.

Welche Wahrheitswerte kenne ich? Doch nur die von S*; denn nur S* gehört L_E an und nur solche Sätze sind anerkanntermaßen (nach dem Kriterium) sinnvoll. Folglich müssen wir schon S* in L_E haben, d. h. die Übersetzung haben, wenn wir S (den neu einzuführenden Satz) beurteilen wollen. Demnach liegt ein Zirkel vor. Der MARX der Syntax hat den Kontakt nach außen verloren. Er dreht sich mit seiner neuen Sprache im Kreis.

Es zeigt sich eine makabre Hoffnung:

3.2.2.2.7 Ein sechster Versuch: Das Einschlußkriterium

Auf Grund des eben geschilderten Zirkels gibt STEGMÜLLER[49] ein neues Kriterium an: »Ein synthetischer Satz S ist empirisch signifikant genau dann, wenn es eine empiristische Sprache L_E gibt, so daß S ein zulässiger Satz in L_E ist.« Die Übersetzbarkeit, die zum Zirkel führte, wird von der Zugehörigkeit abgelöst. Deshalb nennen wir dieses Kriterium »Einschlußkriterium«.

Was ist hier passiert? Die empirische Signifikanz gilt nunmehr nur für Sätze der neu aufgebauten Sprache. Für Sätze außerhalb – und die meisten Sätze empirisch wissenschaftlichen Forschens sind solche – gilt sie nicht. Das ist die radikale Konsequenz unseres Dilemmas. Dann bleibt aber die formale Sprache nur bei sich selbst. Die Onanie ist vollkommen.

3.2.2.2.8 Teilergebnis

a) Das Kriterium des fünften Versuches hatte den Vorteil, *von vornherein* offensichtliche Sinnlosigkeiten auszuschließen. Gleichzeitig allerdings wurde auf Grund der früheren Schwierigkeiten die in den Begriffen der »Verifikation« und »Falsifikation« liegende empiristische Grundeinstellung durch den Begriff der »Bestätigungsfähigkeit« aufgeweicht. Dennoch scheiterte das

---

[49] Theorie und Erfahrung, S. 212.

Kriterium am faktischen empirischen Arbeiten, da es bestimmte Begriffe nicht zuließ. Und zuletzt zeigte sich ein Zirkel, der dem ganzen Unternehmen den Todesstoß versetzte.
b) Zugleich ergeben sich für unsere Fragestellung Konsequenzen: Das Kriterium schied nicht objektiv Sinnloses von Sinnvollem. Denn die neue Sprache wurde durch eine *Entscheidung* begründet. Zuerst wurden die Syntaxregeln festgelegt, die gar nicht erst unseren »Adenauer-Satz« zuließen. Zum anderen wurde entschieden, daß alle undefinierten Grundbegriffe sich auf Beobachtbares beziehen müssen. Dies heißt: Es wird nicht mehr zu zeigen versucht, was objektiv empirisch sinnvoll ist, sondern es wird durch einen *Willensakt* festgesetzt, was empirisch sinnvoll zu sein hat. Dadurch verliert der Empirismus seine Angriffsposition und verkriecht sich in eine Abwehrstellung. »In genau derselben Weise, wie man versuchen kann, ein semantisches System auf empiristischer Basis zu errichten, kann im Prinzip ein semantisches System aufgebaut werden, welches sich auf ›metaphysische Gegenstände‹ bezieht.«[50]

3.2.2.2.9 Ein »letzter Versuch«: Empirische Signifikanz für theoretische Terme[51] und Sätze

Wenn auch die Kriterien der zweiten Phase offenkundige Sinnlosigkeiten auf Grund der neuen Sprachschöpfung gar nicht erst zuließen, so erwiesen sie sich doch als unbrauchbar: Beispielsweise konnten die sogenannten Dispositionsbegriffe überhaupt nicht eingeführt werden.
Doch nicht nur diese Begriffe, die immerhin für die empirische Vernunft verständlich sind, wenn sie auch nicht definitorisch auf beobachtbare Eigenschaften zurückgeführt werden können, sondern auch viele wichtige theoretische Begriffe, z. B. der Physik,

---

50 STEGMÜLLER, Wahrheitsproblem, S. 271.
51 Vgl. zum Ganzen: CARNAP, Theoretical Concepts, S. 38ff; Theoretische Begriffe (= deutsche Übersetzung), S. 209ff u. 571ff; Beobachtungssprache, S. 32ff; Philosophie der Naturwissenschaft, S. 223 ff. Wir halten uns vorwiegend an die Darstellung und Diskussion bei STEGMÜLLER, Theorie und Erfahrung, S. 213ff, bes. S. 293ff.

unterliegen dem gleichen Dilemma. Für theoretische Begriffe wie »Elektron«, »elektrisches Feld«, »Schrödingersche Ψ-Funktion«[52] müßten nämlich jeweils notwendige und hinreichende Bedingungen dafür angegeben werden, daß das mit diesem Begriff Bezeichnete auch gegeben ist. Diese Bedingungen sollten dann mit Hilfe von Beobachtungsbegriffen bestimmt werden. »Daß dies wirklich möglich ist, hat bis heute niemand zu zeigen vermocht«.[53] Die von CARNAP im fünften Versuch aufgebaute Sprache war gleichsam noch zu primitiv, um mit solchen Begriffen operieren zu können. Er ging deshalb selbst davon ab und hat zugleich ein neues Kriterium formuliert, das diese Begriffe zulassen soll. Er baut seine Sprache aus. Das Motiv sind also gerade die Probleme der Naturwissenschaften.

Die Zweistufentheorie der Wissenschaftssprache[54]

Die wissenschaftliche Gesamtsprache L wird nun in zwei Teile aufgespalten: L_B und L_T. L_B[55] ist eine reine empirische Beobachtungssprache, L_T enthält alle theoretischen Begriffe. Zwischen beiden Sprachen vermitteln die Zuordnungsregeln Z. Also: L besteht aus jetzt L_B, L_T und Z.

In L_B, der reinen Beobachtungssprache, kommen nur Beobachtungsausdrücke vor sowie logische Zeichen, um komplexere Aussagen zu bilden. Sie allein wird daher ganz verstanden und interpretiert. Sie umfaßt einen relativ geringen Teil wissenschaftlicher Sätze.

L_T enthält die Theorien und theoretischen Begriffe, also auch unsere vorhin behandelten Dispositionsbegriffe. Diese belasten jetzt

---

[52] Vgl. dazu CARNAP, Philosophie der Naturwissenschaft, S. 233ff. Dort finden sich auch weitere verständliche Beispiele.

[53] STEGMÜLLER, Wahrheitsproblem, S. 278.

[54] Vgl. CARNAP, Theoretische Begriffe, S. 209ff; Beobachtungssprache, S. 32ff; Philosophie der Naturwissenschaft, S. 256; zum Ganzen bes. STEGMÜLLER, Theorie und Erfahrung, S. 213ff, bes. S. 293ff.

[55] Wir verwenden mit STEGMÜLLER L_B, CARNAP spricht z. B. in Theoretische Begriffe, S. 211 von L_O oder z. B. in Philosophie der Naturwissenschaft, S. 256 von »O-Terme«, also dem englischen »observable«, dagegen in Beobachtungssprache, z. B. S. 33 von »B-Terme«.

nicht mehr L_B. Ebenso gehören alle vorhin genannten abstrakten Begriffe der Physik hierher. L_T ist ein bloßer Kalkül, ungedeutete Theorie, ein abstraktes Monstrum. Die theoretischen Terme sind nur teilweise, indirekt gedeutet durch dic Zuordnungsregeln Z. Z, die Zuordnungsregeln[56] stellen also das entscheidende Bindeglied zwischen L_B und L_T her. Folglich enthalten sie aus L_B und L_T Begriffe, sind gemischte Sätze. Sonst wäre ja eine Verbindung gar nicht möglich. Z ist die große Stütze des ganzen Systems. Ihre Aufgabe beschreibt CARNAP so: »Hier wird etwas Beobachtbares mit einem nichtbeobachtbaren Mikroprozeß verbunden.«[57] Da in der empirischen Wissenschaft aber ein reiner Kalkül nichts nützt, sondern nur eine interpretierte Theorie, ergibt sich die entscheidende konjunktive ($\wedge$) Verbindung für die Interpretation: $T \wedge Z$. Diese Konjunktion enthält dann Ausdrücke aus beiden Teilsprachen L_B und L_T.

Das Ende des empiristischen Signifikanz-Kriteriums ist »nahe herbeigekommen«. Halten wir kurz inne: Die theoretischen Begriffe von L_T lassen sich nicht auf L_B zurückführen.[58] Die alte Forderung ist also fallengelassen. Nur L_B ist vollkommen interpretierbar, ganz verstanden. Die theoretischen Terme sind bloß indirekt, eben durch die Zuordnungsregeln Z, deutbar. Ja viele sogar erst implizit durch die Theorie, über ein System als ganzes.[59] Könnten sich dann aber nicht auch »irgendwelche«, vielleicht völlig nichtssagende »Partisanen« in die Wissenschaft einschleichen?

HEMPEL[60] schloß mutig aus dieser Sachlage, daß die Grenze zu den metaphysischen Sinnlosigkeiten nicht mehr gezogen werden kann. Der Empirismus ist aufgeweicht. Das Dogma läßt sich nicht mehr halten.

---

56 Vgl. dazu CARNAP, Theoretische Begriffe, S. 218ff; Beobachtungssprache, S. 37ff; Philosophie der Naturwissenschaft, S. 232ff.

57 CARNAP, Philosophie der Naturwissenschaft, S. 233.

58 Vgl. jetzt CARNAP, Philosophie der Naturwissenschaft, S. 233: »Ein theoretischer Term kann niemals explizit auf der Grundlage der Beobachtungsterme definiert werden...«

59 Vgl. dazu auch CARNAP (zu HEMPEL), Theoretische Begriffe, S. 210, und STEGMÜLLER, Wahrheitsproblem, S. 278.

60 Vgl. HEMPEL, Kognitive Signifikanz, S. 126 f u. 138; dazu STEGMÜLLER, Theorie und Erfahrung, S. 294.

Der empirische Rest: Prognostische Relevanz

RUDOLF CARNAP schob dagegen einen entscheidenden empiristischen Riegel vor: Die sogenannte prognostische Relevanz. Erinnern wir uns an Versuch 4 (vgl. 3.2.2.2.4). Dort wurde ausgeführt, daß der wichtigste Unterschied zwischen empirisch sinnvollen, nachprüfbaren Aussagen und bloßen Hirngespinsten in der Voraussagemöglichkeit liegt. Genau dies meint hier CARNAP. Die ungedeuteten theoretischen Terme, die ja prinzipiell auch sinnlose sein könnten, müssen ihren empirischen Gehalt nachweisen. Ihnen wird eine Voraussagerelevanz, eben prognostische Relevanz abverlangt. »Danach soll ein theoretischer Term dann als empirisch gehaltvoll oder empirisch signifikant anerkannt werden, ...wenn mittels der diesen Term enthaltenden Annahme Ereignisse prognostiziert werden können, die sich ohne eine diesen Term nicht verwendende Annahme nicht voraussagen lassen.«[61] Soll ein Begriff, oder später ein Satz, auf seine empirische Signifikanz geprüft werden, dann müssen wir zunächst *entscheiden,* ob er zu L_B oder L_T gehört. Übrigens kann für L_B – wie wir sahen – nur das selbstgenügsame Einschlußkriterium gelten. Handelt es sich um einen theoretischen Satz, dann muß er den syntaktischen Regeln von L_T gerecht werden. Schließlich zeigt sich die empirische Signifikanz, wenn die theoretischen Terme prognostische Relevanz haben. CARNAP stellt die Signifikanzforderung zuerst für theoretische Begriffe auf und dehnt sie dann auf theoretische Sätze aus. In ihnen müssen alle deskriptiven Begriffe signifikant sein.

Wir verfolgen CARNAPS Meisterleistung an Präzision noch weiter. Wir stehen nämlich am Höhepunkt der Explikation unseres Postulates der Nachprüfbarkeit. Wir präzisieren zunächst formal – wenn auch kurz – mit inhaltlichen Erläuterungen versehen den Gedan-

---

[61] STEGMÜLLER, Theorie und Erfahrung, S. 320f; CARNAP, Theoretische Begriffe, S. 221: »Was heißt es, ›M‹ sei empirisch sinnvoll? Grobgesprochen heißt das, daß eine bestimmte Annahme über die Größe M einen Unterschied in der Vorhersage eines beobachtbaren Ereignisses ausmacht.« Beachte: Wir bezeichnen im Folgenden – wie STEGMÜLLER, Theorie und Erfahrung, S. 321 ff – einen theoretischen Term mit »t«.

kengang, dann zeigen wir an einem einfachen Beispiel das Problem auf:[62]

a) Voraussetzung: t ist ein theoretischer Term, ein Element von V(okabular)-T (t ε V_T).

b) Behauptung: Term t ist von prognostischer Relevanz.

c) Dies schließt ein, es gibt einen Satz S der Sprache L_T, welcher t enthält (S_t ε L_T).

d) Aus S_t muß sich eine Beobachtungsaussage S_B folgern lassen, die der Sprache L_B angehört.

e) Dazu treten die Stützen des Systems, die Zuordnungsregeln Z in Kraft. Ohne eine von diesen wäre t ja ein völlig ungedeuteter Term und für eine Prognose unfähig.

f) In den empirischen Wissenschaften spielen Theorien eine entscheidende Rolle, so daß es in der Regel nötig ist, die Theorie T mit heranzuziehen. Sie gehört auch L_T an.

g) T ist dann – wie wir sahen – völlig ungedeutet. Wir brauchen die Zuordnungsregel Z für ihre zumindest partielle Interpretation. Also: T ∧ Z. (T ∧ Z stellen demnach eine – teilweise – interpretierte Theorie dar.)

h) Folglich erhalten wir für die Ableitung drei Prämissen: S_t ∧ T ∧ Z.

i) Halten wir kurz inne: Die prognostische Relevanz wird relativiert. Und zwar wie h zeigt, auf die Theorie T und die Zuordnungsregel Z hin. Ein physikalisches Beispiel soll diese Kontextgebundenheit – wie wir sie nennen wollen – erläutern: »Derselbe Term ›Elektron‹ oder ›Neutron‹ kann sowohl in der klassischen Physik als auch in der Quantenphysik vorkommen. Trotzdem haben diese Terme in den beiden Systemen eine andere Bedeutung…«[63]

j) Um zu garantieren, daß unser Beobachtungssatz S_B wirklich nur auf Grund unseres strittigen Terms t gefolgert wurde, muß t der einzige Ausdruck der Klasse theoretischer Begriffe – eben von V_T – sein, der im Satz S_t vorkommt.

k) Dann aber ist S_t eventuell für die Praxis als Prämisse zu schwach.

---

[62] Vgl. Carnap, Theoretische Begriffe, S. 221ff, und Stegmüller, Theorie und Erfahrung, S. 321ff.

[63] Stegmüller, Theorie und Erfahrung, S. 321f.

l) Wir benötigen also einen weiteren theoretischen Satz als Prämisse unserer Ableitung. Dieser Satz heißt S_α. S_α wird nun mehrere theoretische Terme enthalten, sie gehören ebenfalls zu V_T.
m) Die in S_α vorkommende Termklasse α darf aber nicht t enthalten, sonst wäre nicht garantiert, daß die prognostische Relevanz nur durch t zustande kommt (vgl. j).
n) Die Relativierung schreitet fort: Die prognostische Relevanz ist jetzt auch auf S_α ausgedehnt: S_t, S_α, T, Z (vgl. die erste Relativierung Punkt i).
o) Hier geraten wir aber möglicherweise in einen Regreß: Wie können wir vermeiden, daß die gesuchte Relevanz jetzt S_α zugeschrieben wird usw., anscheinend ein unendlicher Regreß? (Vgl. Problem j.)
p) Er läßt sich so vermeiden: S_B muß ableitbar sein aus $S_t \wedge S_\alpha \wedge T \wedge Z$, aber nicht aus $S_\alpha \wedge T \wedge Z$ allein.
q) Um allerdings der Gefahr eines Zirkels zu entgehen, muß vorausgesetzt werden, daß t empirisch signifikant ist nur unter der Voraussetzung, daß die Klasse α ebenfalls signifikant ist.
r) Wir verweisen nochmals auf die jetzt dreifache Relativierung der prognostischen Relevanz von t auf T, Z, S_α (vgl. Punkt n).
s) Ergebnis: Die prognostische Relevanz von S_t in bezug auf eine Theorie T gilt genau dann, wenn S_B aus $S_t \wedge S_\alpha \wedge T \wedge Z$ und nicht aus $S_\alpha \wedge T \wedge Z$ abgeleitet werden kann. Also: Ohne S_t ist S_B nicht aus der zweiten Prämissenformel zu folgern.
Das Hauptproblem des ganzen komplizierten Systems – seine Darstellung kostete uns fast das gesamte Alphabet! – steckt in S_α, nämlich in der Gefahr des Zirkels oder unendlichen Regresses. Beide Gefahrenmomente können nur durch einen Fixpunkt vermieden werden: durch die Voraussetzung q.
S_α muß also früher schon als signifikant erwiesen sein. Doch da hätte sich das Problem wohl ähnlich gestellt. Nur die »Konstruktion einer linearen Ordnung«[64] der theoretischen Begriffe, ihre sukzessive Überprüfung kann abhelfen. Die *ersten* Terme müssen also ihre Signifikanz nachweisen, ohne daß andere theoretische Terme stillschweigend und ungeprüft vorauszusetzen sind. »Dies

[64] STEGMÜLLER, Theorie und Erfahrung, S. 323; vgl. CARNAP, Theoretische Begriffe, S. 221.

wird offenbar nur für solche Terme gelten, die in Z-Regeln vorkommen.«[65]

Diese letzte Überlegung wenden wir auf ein einfaches Beispiel an, das abschließend die grundlegende Problematik des gesamten Kriteriums aufzeigt:

Wir wollen nun wiederum in einigen Schritten zeigen, daß der Begriff »seinsmächtig« empirisch prognostische Relevanz besitzt. Dieses Beispiel, nicht seine Ausformung, verdanken wir STEGMÜLLER.[66] Gleichzeitig versuchen wir damit, die komplizierte Fassung des Kriteriums an einem einfachen Beispiel plastischer zu schildern.

Stellen wir uns ein fiktives Streitgespräch zwischen einem Lyriker, der HEIDEGGER-Schüler ist, und einem Empiristen der CARNAPschen Richtung vor:

a) Der Lyriker verwendet einen komperativen Begriff von Seinsmächtigkeit und behauptet: »Es gibt einige Leser von Texten und diese Texte sind seinsmächtiger als andere.«

b) Der Empirist erhebt sofort Einspruch: »Seinsmächtiger als« ist ein empirisch völlig sinnloser Ausdruck. Das heißt in unserem Zusammenhang genauer: Er besitzt keinerlei Relevanz für empirische Voraussagen.

c) Der Lyriker, sensibel wie er ist, paßt sich dem Gesprächspartner an und macht aus dieser Not eine Tugend: Er erklärt einfach den Ausdruck »seinsmächtiger als« zu einem theoretischen Term t, gleich physikalischen Theoriebegriffen, also zugehörig zu L_T (vgl. oben a bis c).

d) Der Empirist kontert: Er verlangt nun den Nachweis der empirisch prognostischen Relevanz.

e) Der Lyriker geht weiter auf den Gesprächspartner ein und gibt eine Zuordnungsregel Z an (vgl. oben e): »Wenn immer ein Text seinsmächtiger ist als ein anderer, dann fangen zumindest einige Leser zu weinen an.« Es ist zu beachten, daß Z hier keine explizite Definition des Begriffes »seinsmächtig« bringen will. Sonst müßten wir »genau dann, wenn« formulieren, d. h. das Äquivalenzzei-

---

65 STEGMÜLLER, Theorie und Erfahrung, S. 323; vgl. CARNAP, Theoretische Begriffe, S. 222.
66 Vgl. STEGMÜLLER, Theorie und Erfahrung, S. 362f.

chen (⟷) benützen. Der Lyriker will nur eine kausale Wirkung aufzeigen, die auch der Empirist anerkennen kann. Wir verwenden nur das Konditionalzeichen (→)[67]. Dies ist wahr, auch wenn nur der Hintersatz wahr ist. Nur darauf kommt es uns jetzt an.[68]
f) Der Hintersatz, der dann-Satz von Z ist aber empirisch signifikant. Es kann also Fälle geben, in denen er zutrifft. Dem kann auch der Empiriker zustimmen. Der wenn-Satz enthält als theoretischen Begriff dann nur den strittigen Term t aus L_T.
g) Aus a und e läßt sich nun die Prognose ableiten: »Es gibt Leser, die zu weinen anfangen.«[69]
h) Ohne Z, d. h. aber auch ohne den fraglichen Term, läßt sich g nicht ableiten. Natürlich auch nicht ohne a; dort kommt der Term aber ebenfalls vor. (Gleichzeitig wird hier die oben aufgezeigte Relativierung der prognostischen Relevanz deutlich.)
i) Folglich: c, d. h. »seinsmächtiger als« besitzt die geforderte empirisch prognostische Relevanz. Ohne seine Mithilfe hätten wir nicht unsere Ableitung vornehmen und die Prognose bekommen können.
Man könnte einwenden, die Voraussage bräuchte ja nicht eintreffen. Verlangt man nur *zutreffende* Prognosen, dann wird aber aus dem Sinnkriterium ein bloßes Bestätigungskriterium. Dies wollte CARNAP nicht. Er denkt an Prognosen*möglichkeit* in der Beobachtungssprache L_B. Als empirisch sinnvoll sollen dann nicht nur wahre Aussagen, sondern auch ihre Negation gelten. So möglicherweise auch in unserem Beispiel. Damit ist dem Kriterium aber das Genick gebrochen. »Denn dann kann man nicht umhin, fast

---

[67] Auch CARNAP gibt als Regeln Konditionalsätze an: »Wenn eine elektromagnetische Schwingung festgelegter Frequenz vorhanden ist, dann ist ein gewisses Grünblau sichtbar.« (Philosophie der Naturwissenschaft, S. 233; vgl. Theoretische Begriffe, S. 219.)
[68] Selbst wenn der Nachsatz falsch wäre, gilt die geforderte Ableitung.
[69] Also: a) »Es gibt einige Leser von Texten und diese Texte sind seinsmächtiger als andere.«
und (∧) e) »Wenn immer ein Text seinsmächtiger ist als ein anderer, dann fangen zumindest einige Leser zu weinen an.«
folgt ($\underset{L}{\rightarrow}$) g) »Es gibt Leser, die zu weinen anfangen.«
Form: $S_t \wedge (S_t \rightarrow S_B) \underset{L}{\rightarrow} S_B$
In dieser (vereinfachten) Form erhalten wir also ein ähnliches Schema wie bei Versuch 4 (vgl. 3.2.2.2.4).

alle von CARNAP verabscheuten metaphysischen Theorien als empirisch signifikant erklären zu müssen.«[70]

3.2.2.2.10 Teilergebnis:

Unser letzter Versuch ist von CARNAP deshalb initiiert worden, weil das Kriterium auch Begriffe der theoretischen Physik zulassen sollte. Er machte demnach ein Zugeständnis an das faktische Vorgehen der empirischen Vernunft. Durch den Zweistufenbau der Sprache, die dies ermöglichen sollte, wurde aber der Empirismus bereits aufgeweicht. Wir sahen dies an der Reaktion HEMPELS. CARNAP wollte diesem Aufweichen einen Riegel durch die geforderte Voraussagerelevanz vorschieben. Dies gelang nicht. Gleichzeitig kehrte er damit zu den doch überwunden geglaubten »Urahnen« des Empirismus zurück: Wenn er zwar einsieht, daß theoretische Begriffe nicht auf der Grundlage von Beobachtungsbegriffen definiert werden können, so fordert er aber doch die empirische Signifikanz nicht nur für ganze Sätze, sondern schon für Begriffe.[71] Fast eine Tragik. Auch STEGMÜLLER, trotz seiner Bewunderung für CARNAP, kommt zu dem naheliegenden Schluß, »daß das Dilemma des Empiristen... unlösbar ist«.[72]

3.2.2.3 *Zwischenergebnis: Das Elend des Empirismus*

3.2.2.3.1 Das Scheitern

Wir führten bisher nur eine Selbstkritik der empirischen Vernunft durch. Wir gingen von der Korrespondenz-Wahrheit aus und ex-

---

70 STEGMÜLLER, Theorie und Erfahrung, S. 365.

71 Schon 1928 versuchte CARNAP alle Begriffe, »geistige Gegenstände«, durch »Konstitution« auf das »Gegebene«, d. h. genauer auf »Elementarerlebnisse« zurückzuführen: »...so müssen wir von dem ausgehen, was zu allem anderen erkenntnismäßig primär ist, vom ›Gegebenen‹, und das sind die *Erlebnisse selbst in ihrer Totalität und geschlossenen Einheit.*« (Aufbau, S. 92.) CARNAP selbst weichte diesen »Begriffspositivismus« schon damals (1928) auf, als er die empiristische Forderung auf sinnvolle Sätze ausdehnte: Kommt der »sinnlose« Ausdruck »Jupiter« in dem Satz »Jupiter wird um 12 Uhr hier brummen« vor, so kann dieser Satz eine *sinnvolle Aussage* werden, wenn festgesetzt wird, daß diese Aussage wahr ist, »wenn zur Zeit t am Ort p ein Donner feststellbar ist«. (Scheinprobleme, S. 48.)

72 STEGMÜLLER, Theorie und Erfahrung, S. 365.

plizierten als ihre Zentralthese das Postulat der Nachprüfbarkeit. Unsere Teilaufgabe, die dramatische Suche nach einem empiristischen Sinnkriterium, endete fast tragisch. CARNAP versuchte mit dem letzten Kriterium wenigstens ein i-Tüpfelchen der Signifikanz zu retten. »Irgendwie« sollten die theoretischen Terme noch auf »Beobachtung« zurückgeführt werden. Ganz nach dem Grundprinzip des Empirismus. Die Klarheit an der Basis setzten wir immer schon als »gelöst« voraus. Das Unternehmen scheiterte.

3.2.2.3.2 Das vor-rationale Motiv

a) Wieso sind wir in dieses Dilemma geraten? Wir sahen zwei Motive miteinander konkurrieren: Das Vertrauen auf das faktische Vorgehen der empirischen Wissenschaften und zugleich die verzweifelte Suche nach dem Kriterium.
b) Was ist eigentlich der Grund dieser verzweifelten Suche? Einmal geht es um die Explikation des empirisch Sinnvollen, um die Explikation der grundlegenden Forderung der Nachprüfbarkeit. Wir lernten dabei als nicht zu unterschätzenden Nebeneffekt eine Menge komplizierter Methoden kennen.
c) Aber »Techniken« treiben nicht vorwärts. Die Suche wurde ja nicht aufgegeben. Verbirgt sich hinter der eifrigen Suche, die sich in technische Details zu verlieren droht, vielleicht etwas anderes? Ganz gewiß! Das treibende Motiv war vor-rational: Die »Metaphysik« und damit Theologie und Religion sollten aus dem Bereich der Wissenschaft ausgeschaltet[73] werden. »Gott« ist beispielsweise für CARNAP[74] ein sinnloser Ausdruck. Wir sind mit Absicht auf dieses Motiv bisher nicht eingegangen. Wir sprachen allgemeiner von »Sinnlosigkeiten«, gebrauchten öfters den Beispielsatz »Adenauer ist eine Primzahl«. Wir führten nur eine Selbstkri-

---

[73] Vgl. statt vieler CARNAP, Die alte und die neue Logik, S. 25: »Ausschaltung der Metaphysik«.

[74] Hatte der Ausdruck »Gott« in alten Mythologien (vgl. Anm. 71) noch einen empirisch aufweisbaren Sinnbezug, so – nach CARNAP – heute nicht mehr; vgl. grundsätzlich CARNAP, Überwindung, S. 219ff. Religion gehört für CARNAP nicht in die Wissenschaft, sie drückt nur ein Lebensgefühl – ähnlich Musik – aus, zudem noch inadäquat, wenn das Irrationale begrifflich gefaßt wird. Erlebnis und Erkenntnis sind zu trennen. Es ist aber zu beachten: Er kämpft nicht gegen den

tik auf dem Boden der empirischen Vernunft durch, mit Methoden, die aus ihr entwachsen sind.

3.2.2.3.3 Vernunft und Wille

Das Ergebnis war: Die Signifikanzkriterien schalteten offensichtliche Sinnlosigkeiten nicht aus. Wo sie, wie bei Versuch 5, gar nicht erst zugelassen wurden, handelte es sich dagegen nicht um ein Kriterium, das objektiv Sinn und Unsinn trennt, sondern um eine *Willensentscheidung,* die festsetzt, was sinnvoll zu sein hat. Also wieder um eine vor-rationale Entscheidung! Die Methoden, die auf dem Boden des Empirismus erwuchsen, entlarvten seine Intuition als inadäquat. Wenn die Signifikanzidee zusammengebrochen ist, also keine objektive Trennung möglich ist, dann sackt die ganze Metyphysikkritik, die auf diesem Boden aufbaut, in sich zusammen.

3.2.2.3.4 Theologische Kritik erübrigt sich

a) Wir brauchten dies nicht erst »philosophisch« oder »theologisch« nachzuweisen. *Diese Kritik erübrigt sich.*[75] Dies ist der Vorteil des Aufbaus unserer Abhandlung. Damit zeigt sich, »daß ein strenger Unterschied zwischen empirisch begründeten und ›metaphysischen‹ Sätzen im Bereich der Wissenschaft nicht gemacht werden kann.«[76]

»Glauben an eine bestimmte Offenbarung«: »Über Glauben und Intuition (im irrationalen Sinne) ist hiermit kein Werturteil ausgesprochen ... Es sind Lebensgebiete, nicht anders als etwa Lyrik und Erotik.« Aber als solche sind sie keine »Erkenntnis«, gehören also nicht in den Bereich der Wissenschaft (Aufbau, S. 257). Falls ein Glaube zu einer Erkenntnis führen würde, wäre er ein »Fürwahrhalten« (Aufbau, S. 256) und der Nachprüfung unterworfen. »So ziehen sich die christlichen Theologen aus dem Bereich der empirischen Überprüfung zurück« (Neurath, Weltauffassung, S. 114).

[75] Es ist uns deshalb völlig unverständlich, wieso Pannenberg in seiner – kurz vor dem Abschluß dieser Arbeit erschienenen – Wissenschaftstheorie, S. 34ff, überhaupt auf die anti-theologischen Attitüden der Empiristen eingeht. Hier trifft er nicht den Nerv – vgl. »Der Theologie bleiben in dieser Situation zwei Auswege« (S. 36). Das Problem erledigt sich – wie wir zeigten – schon vorher. Diese Fehleinschätzung liegt unserer Meinung nach daran, daß Pannenberg die Problematik des Sinnkriteriums nur streift, vgl. S. 34.

[76] Patzig, Nachwort, S. 120.

b) Als weiteren Nebeneffekt können wir deshalb festhalten, daß sich dann auch antitheologische Attitüden, wie sie – ganz im Gegensatz zu seinem Lehrer POPPER – HANS ALBERT[77] des öfteren zeigt, auf dem Boden gerade der empirischen Vernunft als vorrational entlarven. Wer in Zukunft Theologie als Wissenschaft angreift, muß präzise sagen und zeigen, welchen Punkt er treffen will. Das bloße pauschale Pochen auf Nachprüfbarkeit ist dann nicht möglich. Dieses Postulat muß in seinen Variationsmöglichkeiten entfaltet werden. Damit ist natürlich noch gar nichts *für* die Wissenschaftlichkeit irgendeiner Theologie ausgesagt. Es wird uns nur auf diesem Hintergrund die Furcht vieler Theologen vor der Forderung der Nachprüfbarkeit unverständlich. Wir werden unseren eigenen Ansatz in dieser Frage ab Teil 5 entfalten.

c) Zugleich erhalten wir ein weiteres philosophisches Ergebnis: Wir sahen, wie die empiristischen Theoretiker ausgehend schon von der Sprachphilosophie WITTGENSTEINS »Sinnlosigkeiten« und – jetzt genauer – das »metaphysische Problem« durch *Sprachkritik* zu einem Scheinproblem erklären wollten. Die Kriterien sollten dann eine sinnvolle Sprachregelung festlegen. Da dieses Unternehmen mißlungen ist, muß zugegeben werden, *daß sich »Metaphysik« nicht durch Sprachkritik vertreiben läßt.*[78] Dies gilt – nebenbei bemerkt – dann auch umgekehrt für theologisch-hermeneutische Schulen, die ja bei weitem nicht die aufgezeigte methodische Präzision erreichen. Damit taucht aber wieder die verdrängte (vgl. Anm. 9) KANTsche Frage auf: »Wie sind synthetische Urteile a priori möglich?« Wir werden auf die erkenntnistheoreti-

[77] Vgl. v. a. ALBERT, Holzwege, S. III: Schon die Widmung zeigt die vor-rationale »Attitüde«: »Auch ich möchte meine Schrift freundlichst der St.-Louis-Universität widmen, die meinem Kritiker GERHARD EBELING den Doktor honoris causa verliehen hat.« Schon dies ist ein Symptom dafür, daß ALBERT *emotionale Abneigung in rationale Argumentation verdrängt.* Vgl. auch seine Stellungnahme zu BULTMANN in Traktat, S. 114: »Die Grenze der Entmythologisierung ist bei ihm vollkommen willkürlich gezogen...« Er verlange sogar die »Aufgabe der *kritischen* Methode, und zwar nur deshalb, weil uns Glaubensbestände in unserer Tradition überliefert wurden, die sonst über Bord gehen müßten, obwohl sie uns ans Herz gewachsen sein mögen.«

[78] Vgl. dazu STEGMÜLLER, Metaphysik, S. 120 f: »Das Sinnlosigkeitsdogma des modernen Positivismus hat ohne Zweifel einen bestimmten metaphysischen Ursprung: den Glauben, daß es ›die‹ Sprache... gäbe.«

sche Geltungsfrage, die de-iure-Frage, bei dem Basisproblem durchwegs stoßen.

3.2.2.3.5 Wissenschaftstheorie – Wissenschaft – Vertrauen

a) Bisher hatten wir wissenschaftstheoretisch gearbeitet, das heißt die Logik auf die empirische Wissenschaft angewandt. Damit setzt der Wissenschaftstheoretiker »immer schon« die Gültigkeit des faktischen Vorgehens voraus. Er *vertraut* darauf. Er macht eine »›Vorgabe‹ an den Einzelwissenschaftler ..., *die intuitiven Auffassungen des Wissenschaftlers als im Prinzip richtig anzuerkennen, solange nicht das Gegenteil erwiesen wurde*«.[79] Wissenschaftstheorie ist also eine beschreibende Wissenschaft, sie expliziert logisch genau, wie in den Einzelwissenschaften vorgegangen wird. Normativ ist sie, insofern sie die Gültigkeit der Logik als Norm anwendet. Sie vertraut also außerdem auf die Gültigkeit der Logik. Das Vertrauen auf Logik einerseits und das faktische Vorgehen andererseits steckt den Rahmen ab, in dem Wissenschaftstheorie arbeitet, den Begründungszusammenhang. Dieses Vertrauen konstituiert also den *Begründungszusammenhang* und gehört ihm damit wesentlich zu.
b) Dennoch ist auch der *Entdeckungszusammenhang* wesentlich. In ihm geht es um die Intuitionen, die Motive und vielleicht sogar schon die Ziele, das Ergebnis. Erst nachträglich wird eine Begründung dafür gegeben oder werden Thesen nachgeprüft.
c) Ähnliches gilt dann aber auch für den Einzelwissenschaftler. Auch er arbeitet so: »Eine Wahrheit in der Wissenschaft wird fast immer zuerst geahnt, dann behauptet, dann umstritten und dann bewiesen.«[80] Er vertraut außerdem auf die Gültigkeit seiner Beobachtung, vertraut der »Basis« selbst – jedenfalls solange er nicht vom Gegenteil überzeugt ist. Aber dann vertraut er ja im Namen einer anderen Überlegung. Und stillschweigend setzt er zudem mit seinen Methoden die Gültigkeit der Logik voraus. Die Berechtigung des »Basisvertrauens«, das heißt die erkenntnistheoretische Rechtfertigung, untersuchen wir im folgenden Teil 3.2.3.

---

79 Stegmüller, Personelle und statistische Wahrscheinlichkeit, S. 24.
80 v. Weizsäcker, Einheit der Natur, S. 126.

3.2.2.3.6 Die Existenzbindung der Vernunft

Dieses Vertrauen ist eine *menschliche* Haltung. Das Subjekt ist also immer dabei. Folglich kommt in die Wissenschaft selbst eine anthropologisch-ethische Komponente hinein: Wir sahen dies bei der Suche nach dem Sinnkriterium schon an den syntaktischen Entscheidungen, an den Festsetzungen, die immer wieder getroffen werden müssen. Wir haben dann auch nach dem Motiv und der Zweckmäßigkeit zu fragen. Dies heißt: Diese Motive und Zwecke ergeben sich daraus, *wer* sie setzt. Diese Festsetzungen gründen in nichts anderem als einer »Gewissensentscheidung«.[81]

3.2.2.3.7 Die sozial-geschichtliche Bindung der Vernunft

a) Zugleich neben dieser anthropologischen Komponente zeigt sich eine *sozial-geschichtliche:*
Dies wird einmal schon deutlich, wenn wir überlegen, daß z. B. das Motiv des Wiener Kreises, in dem die Sinnforderung zuerst erhoben wurde, sich aus der zeitgeschichtlichen Situation, dem Vorherrschen des Idealismus und seinsmystischer Strömungen erklären läßt. Besonders der Einfluß von SCHOPENHAUER, NIETZSCHE, E. v. HARTMANN, BERGSON, KLAGES zeitigte eine »Vernunftfeindschaft«.[82] CARNAPS *Hoffnung* war eine rationale Durchdringung dieser Wirrnis: »*Es gibt keine Frage, deren Beantwortung für die Wissenschaft grundsätzlich unmöglich wäre.*«[83] 1928 erschien CARNAPS »Der logische Aufbau der Welt« und »Scheinprobleme«, 1929 HEIDEGGERS »Was ist Metaphysik?« Gerade HEIDEGGERS unbekümmerte Verwendung des Ausdrucks »nichts« mußte den »Syntaktiker« CARNAP auf den Plan rufen: 1931 schreibt er seine »Überwindung der Metaphysik durch logische Analyse der Sprache«.[84]

---

[81] So formuliert STEGMÜLLER ähnlich hinsichtlich der angegriffenen Stellung eines Metaphysikers: »Man muß es ihrem *Gewissen* überlassen, zu *entscheiden,* ob sie ein *Recht* haben, Ausdrücke zu verwenden, die nicht in eine empiristische Sprache eingeordnet werden können. Von seiten der *Logik* läßt sich dagegen nichts vorbringen« (Wahrheitsproblem, S. 281; Hervorhebungen von uns).

[82] Vgl. dazu PATZIG, Nachwort, S. 95.

[83] CARNAP, Aufbau, S. 254.

[84] Vgl. CARNAP, Überwindung, S. 229, wo er gegen HEIDEGGERS Gebrauch von

Heinrich SCHOLZ, als Platoniker gewiß nicht metaphysikfeindlich eingestellt – er legte ja eine »Metaphysik als strenge Wissenschaft« im Anschluß an LEIBNIZ vor[85] –, bewundert CARNAPS Klarheit in dieser zeitgeschichtlichen Situation: »Dieses Werk (sc. Aufbau) ist nun zwar in jedem Fall eine höchst respektable Leistung. Es steht in Ansehung seiner Durchdachtheit turmhoch über der philosophischen Durchschnittsliteratur.«[86]
Nun könnte eingewendet werden: Diese geschichtliche Abhängigkeit, die wir eben aufzeigten, gilt ja nur für den Entstehungszusammenhang, für den Motivbereich.
b) Es zeigte sich aber gerade bei unserer Suche nach dem Sinnkriterium, daß *innerhalb des Begründungszusammenhangs selbst die Geschichtlichkeit den »Objekten« eignet.* Einmal sind ja alle empirischen Theorien kognitive Aussagen. Bestünde nur das logisch-formale Gerüst und ungedeutete Konstanten, dann wäre ein solches System ein bloßer Kalkül. Die Logik sagt nichts über die Wirklichkeit aus, sie gilt nach LEIBNIZ »in allen möglichen Welten«. Logisch-wahr hat den »totalen Spielraum«[87]. In der empirischen Vernunft geht es aber immer um »Wirklichkeitsaussagen« – was auch immer man unter »Wirklichkeit« verstehen will.
Die theoretischen Begriffe sind nun aber – wie wir sahen – »kontextabhängig«. In der Klassischen Physik bedeutet »Elektron« etwas anderes als in der Quantenphysik. Ihre Bedeutung ändert sich also mit der Übernahme eines anderen Kontextes. Dieser ist aber in einer bestimmten Situation entstanden. Beide Deutungen sind ja möglich, treffen innerhalb des Systems Aussagen über die »Wirklichkeit«. Dennoch machen sie verschiedene Aussagen. Diese Teilaussagen sind nur innerhalb des jeweiligen Systems plausibel. Wir könnten dies »Systemplausibilität« nennen.
c) Gerade auch innerhalb sozial-wissenschaftlicher Theorien hat die Geschichtlichkeit ihren Platz. Erinnern wir uns an das Vorge-

»nichts« zu Feld zieht. Zum Problem vgl. HEIDEGGER, Metaphysik, S. 26: »Erforscht werden soll nur das Seiende und sonst – *nichts* ... Wie steht es um dieses *Nichts?«* (Hervorhebungen von uns).
85 Vgl. SCHOLZ, Metaphysik als strenge Wissenschaft, (Köln 1941) Darmstadt 1965.
86 SCHOLZ, Abriß, S. 64.
87 CARNAP, Symbolische Logik, S. 17.

hen der empirischen Vernunft: Aus Gesetzen und Randbedingungen werden Prognosen abgeleitet. Wir nehmen ein Beispiel aus der verhaltenstheoretischen Soziologie[88], der Lerntheorie:
Gesetz: »Wenn immer eine Aktivität *belohnt* wird, steigt die Häufigkeit dieser Aktivität.«
Randbedingung: »Die Aktivität xyz wird *belohnt*.«
Prognose: »Die Häufigkeit der Aktivität xyz steigt.«
»Belohnung« ist aber ein theoretischer Begriff, also völlig »ungeschichtlich«. Zu seiner Deutung brauchen wir Zuordnungsregeln, die ihn mit bestimmten sogenannten Indikatoren (z. B. Schokolade, Auto) verbinden:
Zuordnungsregel: »Wenn x Schokolade erhält, dann empfindet x dies als Belohnung.«
Je nachdem, wie diese Zuordnungsregeln ausfallen, das heißt welche Indikatoren wir verwenden, verändert sich das Verständnis des theoretischen Begriffes. Da das erste Auto 1886 gebaut wurde und durch die Straßen Mannheims fuhr, ist klar, daß »Belohnung« von der sozial-geschichtlichen Situation abhängig ist. Dies ist ja gerade das Dilemma aller Vergleiche von empirischen Untersuchungen, da die Indikatoren von Untersuchung zu Untersuchung, von Mensch zu Mensch verschieden sind.

3.2.2.3.8 *Fassen wir kurz zusammen:*

Der empirischen Vernunft eignet eine anthropologisch-ethische und eine sozial-geschichtliche Komponente. Letztlich wurzelt sie in einer vor-rationalen Vertrauensentscheidung.

3.2.3 *Problemzuspitzung: Die Basis, die Erfahrungsgrundlage*

3.2.3.1 Die Fragestellung:

Unsere bisherigen Überlegungen setzen immer schon voraus, daß das Problem »beobachtbar« gelöst ist und wir anerkannte Basissätze haben. Wir haben des öfteren darauf hingewiesen. Das Dilemma der Sinnkriterien ließ sich schon zeigen, ohne diese Vor-

[88] Vgl. dazu grundsätzlich Opp, Verhaltenstheoretische Soziologie, 1972.

aussetzung überhaupt in Frage zu stellen. Die Suche nach dem Kriterium könnte ja theoretisch irgendwann einmal zu einem Ziel führen – vorausgesetzt, an der Basis ist »alles klar«. »Beobachtbar« wurde bisher nie definiert, höchstens durch Beispiele beschrieben. Aber herrscht an diesem Punkt wirklich Klarheit? Oder anders: Wie kommen wir zu Basissätzen? Was ist die Bedingung der Möglichkeit, einem Sachverhalt, Objekten »Beobachtbarkeit« zuzuschreiben? Was garantiert ihre Gültigkeit, Evidenz? Wir entfalten diese Fragen und Probleme jetzt in unserer zweiten Teilaufgabe der Abhandlung über die empirische Vernunft. Wir diskutieren dabei hauptsächlich die Untersuchungen KARL POPPERS, dessen Ansatz zur Zeit der wohl am weitesten verbreitete und akzeptierte ist.

3.2.3.2 *Das Trilemma der Erfahrungsgrundlage*

Wie können wir Sätze in die empirische Wissenschaft einführen? Wir sehen drei sich ausschließende Möglichkeiten:

3.2.3.2.1 Die dogmatische Einführung

Wir halten einfach dogmatisch eine Aussage für wahr. Ein solcher Satz würde dann auf ein »Dogma« zurückgeführt, aber keinesfalls auf Beobachtung. Dieser Fall ist für die empirische Vernunft ausgeschlossen, erst recht für eine empiristische Haltung, wie wir sie bei CARNAP kennenlernten: »Die Wissenschaft beginnt mit direkten Beobachtungen einzelner Tatsachen.«[89]

3.2.3.2.2 Der unendliche Regreß

Fragen wir nach einer *logischen* Begründung, dann müssen wir einen Satz auf einen anderen zurückführen. Dieses Verfahren wendeten wir ja bei den verschiedenen Sinnkriterien an. Aber *hier* geht es um den entscheidenden Fixpunkt, den Basissatz selbst. Einen solchen könnten wir wieder nur auf einen anderen Basissatz zurückführen. Dies läßt sich dann unendlich fortsetzen. So kom-

---

89 CARNAP, Philosophie der Naturwissenschaft, S. 14.

men wir auch zu keiner Lösung. Im ersten Fall führten wir einen Satz auf ein Dogma, hier im zweiten Fall einen Satz auf einen anderen Satz zurück.

3.2.3.2.3 Die Rückführung auf ein »Erlebnis«

Es ist daher verständlich, daß positivistische Theoretiker eine dritte Möglichkeit wählen: Die Sinneswahrnehmung ist »unmittelbare Erkenntnis«, oder wie es vorhin CARNAP ausdrückte, »direkte Beobachtung«.[90] Diese Grundlage rechtfertigt dann unsere »mittelbaren Erkenntnisse«, eben die erwähnten entscheidenden Sätze. Führten wir im Fall 1 den Satz auf ein Dogma, im Fall 2 den Satz auf einen Satz, so hier einen Satz auf ein Erlebnis zurück. Der schärfste Kritiker dieser sensualistisch-positivistischen Auffassung[91] ist KARL POPPER. Dies zu beachten ist wichtig, da vor allem in der deutschen Diskussion unverständlicherweise POPPER als Positivist bezeichnet wird. Seine vernichtenden Einwände sind:[92] Unmittelbare Erlebnisse sind nur einmal unmittelbare Erlebnisse, also *einmalig,* insofern subjektiv. Außerdem können wir »keinen wissenschaftlichen Satz aussprechen, der nicht über das, was wir ›auf Grund unmittelbarer Erlebnisse‹ sicher wissen können, weit hinausgeht«.[93] POPPER nennt dies an der gleichen Stelle »Transzendenz der Darstellung«. Mit anderen Worten: Wir werden hier mit dem Universalienproblem der Scholastik konfrontiert. Universalien, Allgemeinbegriffe, allgemeine Zeichen machen die Unmittelbarkeit und Einmaligkeit zunichte. POPPER verdeutlicht dies an dem Beispielsatz: »Hier steht ein Glas Wasser«. Mit »Glas« und »Wasser« »bezeichnen wir physikalische Körper von bestimmtem *gesetzmäßigem* Verhalten«.[94] Folglich ist der Satz nicht auf Erlebnisse rückführbar. Wir können deshalb wissen-

---

[90] Vgl. Anm. 89.

[91] Auch CARNAP vertrat noch 1957 diesen sogenannten »Physikalismus«: »psychologische Aussagen, sowohl in der Wissenschaft wie im Alltagsleben« müssen »sich auf den körperlichen Zustand der betreffenden Person beziehen«, in: Logical Positivism, hrsg. von A. AYER, Glencoe, 1959, S. 197f (zitiert von PATZIG, Nachwort, S. 123).

[92] Vgl. POPPER, Logik der Forschung, S. 61.

[93] POPPER, Logik der Forschung, S. 61.

[94] POPPER, Logik der Forschung, S. 61.

schaftliche Basissätze nicht in der positivistischen Weise einführen und rechtfertigen. POPPERS eigene Konsequenz: »Jeder Satz hat den Charakter einer Theorie, einer Hypothese.«[95] Im Grunde stehen wir mit den Universalien bei einem ähnlichen Problem, das uns am Anfang unserer Suche nach dem Sinnkriterium Schwierigkeiten bereitete: Allsätze können nicht verifiziert werden.

3.2.3.2.4 Die Protokollsätze

Eine Variante der gezeigten Rückführung von Sätzen auf Erlebnisse vertreten NEURATH[96] und CARNAP[97] mit den sogenannten *Protokollsätzen.* Hier wird zwar vorausgesetzt, daß ein Satz nicht auf ein Erlebnis *zurückgeführt* werden kann, sondern nur auf einen anderen Satz, der Erlebtes beschreibt. In einem solchen Satz kommen dann Ausdrücke wie »sehen«, »wahrnehmbar« sowie das »Subjekt« selbst vor: »*Ottos* Protokoll um 3 Uhr 17 Minuten [*Ottos* Sprechdenken war um 3 Uhr 16 Minuten: (im Zimmer war um 3 Uhr 15 Minuten ein von Otto *wahrnehmbarer* Tisch)]«.[98] Natürlich könnte man in »Tisch« usw. wieder Universalien sehen. Dann besitzen wir aber wieder keinen letztgültigen Satz. So vertritt NEURATH[99] auch die Auffassung, diese Sätze können unter Umständen verworfen werden. Auch CARNAP, der diese Sätze zunächst als letzte Prüfungsinstanz unwiderruflich festhält, gibt dies später zu.[100]

3.2.3.2.5 Teilergebnis:

Wir können also festhalten: Die so sehr gesuchte empirische Objektivität, das »Gegebene« verwandelt sich entweder in einen sub-

---

95 POPPER, Logik der Forschung, S. 61.

96 Der Terminus stammt von NEURATH. Zum Problem: NEURATH, Protokollsätze, S. 204ff.

97 CARNAP, Über Protokollsätze, S. 215ff.

98 NEURATH, Protokollsätze, S. 207; Hervorhebung von uns.

99 Zur Wandlung vgl. NEURATH, Protokollsätze, S. 208; vgl. S. 206: »Es gibt kein Mittel, um endgültig gesicherte saubere Protokollsätze zum Ausgangspunkt der Wissenschaften zu machen.«

100 Zunächst wendet sich CARNAP gegen einen »Absolutismus«, schreibt aber zugleich: »Auch im Positivismus findet sich ein Rest dieses idealistischen Absolutis-

jektiven Psychologismus oder wie zuletzt in einen Satz, dem ein Subjekt wesentlich eignet. Zugleich kommen aber in diesen so subjektiven Äußerungen trans-subjektive Begriffe und deren implizite Theorien vor. Eine am entscheidenden Punkt erstaunliche Mischung von »subjektiv« und »transsubjektiv«!
Wenn dies so ist und die Revisionsmöglichkeit dieser Sätze zugestanden werden muß, kann man dann nicht *jeden* Satz einführen? Das Spiel von Verwerfen und Akzeptieren könnte man ja auch auf Sätze anwenden, die durch Sinnestäuschung entstanden sind. Damit bahnte man doch der »dogmatischen Willkür den Weg, sich als ›empirische Wissenschaft‹ aufzutun.«[101] Es würde also hier an der *Basis selbst* das eintreten, was man durch die Suche nach dem Sinnkriterium und *unter Voraussetzung des gelösten Basisproblems* gerade ausschalten wollte. Wie kommt man aus diesem Dilemma heraus?

3.2.3.3 *Auf der Suche nach der Objektivität* (Popper)

3.2.3.3.1 Objektive Wissenschaft und unser Wissen

Popper möchte diesem Dilemma entgehen: »*Wir unterscheiden scharf zwischen der objektiven Wissenschaft und unserem ›Wissen‹.*«[102] Er sieht keine *erkenntnistheoretischen* Vorzüge zwischen den beiden Sätzen: »*Ich sehe,* daß der Tisch hier weiß ist«, und »Der Tisch hier ist weiß«. Er entgeht dem Dilemma aber nur, weil *er die Aufgabe der Erkenntnistheorie anders definiert als* Carnap. Dieser formulierte sie in den »Scheinproblemen« so: »Worauf geht unser Wissen ... zurück?«[103] Jener dagegen: »Durch welche intersubjektiv nachprüfbare Folgerungen sind die wissenschaftlichen Sätze überprüfbar?«[104] Die erste Frage gehört nach Popper nämlich in die Psychologie – nicht in die Erkenntnistheorie.
So verblüffend diese Wendung zunächst auch klingen mag, so

---

mus.« Dann zitiert er Neurath, der der erste war, der die Unwiderruflichkeit der Basissätze ablehnte. Ihm stimmt er voll zu. Vgl. Über Protokollsätze, S. 228.

[101] Popper, Logik der Forschung, S. 63.

[102] Popper, Logik der Forschung, S. 64.

[103] Carnap, Scheinprobleme, S. 26.

[104] Popper, Logik der Forschung, S. 64.

meinen wir doch, daß diese Lösung des Dilemmas nicht glückt. Einmal setzt POPPER dann die wissenschaftlichen Sätze einfach voraus. Sie sind da, werden nur nachgeprüft. Zum anderen gilt: Weist er die Entstehungsgeschichte des Satzes der Psychologie zu, so stellen sich die Fragen:

a) Ist Psychologie dann eine Wissenschaft?

b) Wie würde dann dort *im Medium des Entstehungsprozesses die Geltungsfrage* gestellt?

POPPER verschiebt hier das Problem nur.

Vorläufig gilt jedoch festzuhalten, daß der Begriff »Objektivität«, der den Gegensatz zur Subjektivität garantieren soll, erläutert wird durch »intersubjektiv nachprüfbar«. Objektivität heißt also Intersubjektivität.

Doch wie führt POPPER nun die Basissätze ein? Wie entgeht er dem Subjektivismus? Um diese Frage verständlich behandeln zu können, müssen wir den Stellenwert dieser Sätze bei POPPER aufzeigen. Damit wird nebenbei auch klar, was er unter »Objektivität« genauer versteht. Einleitend schildern wir kurz POPPERS philosophiegeschichtliche Stellung.

3.2.3.3.2 *Der Stellenwert der Basissätze*

3.2.3.3.2.1 Der philosophiegeschichtliche Hintergrund: HUME – KANT – POPPER

In Versuch 1 unserer Suche nach dem Sinnkriterium zeigten wir, daß Naturgesetze nicht verifizierbar sind. Aber wie kommt dann die empirische Vernunft zu allgemeinen Gesetzen? CARNAP und die Empiristen berufen sich auf das Induktionsprinzip: Wenn wir auch Gesetze nicht vollständig verifizieren können, so doch durch einzelne Beobachtungen stützen. Auf diesem Wege, über einzelne Beobachtungen, gelange man induktiv zu Gesetzen: Wenn wir tausend weiße Schwäne gesehen haben, können wir *einstweilen* sagen: alle Schwäne sind weiß. Daher hängen Induktion und Wahrscheinlichkeit eng zusammen.[105]

---

[105] Vgl. dazu CARNAPS Konzeption in seinem Werk »Induktive Logik und Wahrscheinlichkeit«, 1959; vgl. HUME, Untersuchung, S. 38.

POPPER bestreitet nun grundsätzlich diese Möglichkeit.[106] Es wäre nämlich damit ein Induktionsprinzip vorausgesetzt. Doch wie ist dies zu rechtfertigen? Ist es ein analytischer Satz, dann würden wir einmal nicht induktiv vorgehen, sondern gerade deduktiv, genauer regressiv deduktiv. Außerdem ist – vgl. KANT Anm. 7 – ein analytischer Satz ein bloßes Erläuterungsurteil, aber kein Erweiterungsurteil. Wir würden also überhaupt keine »Information« über die Wirklichkeit erhalten.

Das Induktionsprinzip muß daher kantisch gesprochen ein synthetisches Urteil sein, also empirisch. Folglich wäre das Prinzip ein generelles empirisches Urteil. Diese generellen Allsätze können aber – wie gezeigt – nicht verifiziert werden. Es bliebe wieder nur die induktive Bestätigung. Das Induktionsprinzip bedürfte seinerseits eines »Metainduktionsprinzips« zu seiner Rechtfertigung usw. in infinitum.

HUME zeigte schon, daß dies ein genereller empirischer Satz ist, aber zum Regreß führen werde. Ursache und Wirkung, d. h. das Kausalgesetz, stammen nach ihm aus der Erfahrung. Erfahrungsurteile beziehen sich aber immer auf Vergangenes. Aus Vergangenem kann man aber nicht auf Zukünftiges schließen: »*Daß die Sonne morgen nicht aufgehen wird,* ist ein nicht minder verständlicher Satz und nicht widerspruchsvoller, als die Behauptung, *daß sie aufgehen wird.*«[107] Es gibt also keine andere Rechtfertigung für das Kausalprinzip als die Gewohnheit.[108]

Die andere Möglichkeit wäre nun, das Induktionsprinzip oder das Kausalgesetz als generellen empirischen, also synthetischen Satz *a priori* zu rechtfertigen, wie dies KANT[109] versucht hat. POPPER zu KANTS Versuch lapidar: »Sein geistvoller Versuch, synthetische

---

[106] Vgl. POPPER, Logik der Forschung, S. 3ff.

[107] HUME, Untersuchung, S. 36.

[108] HUME, Untersuchung, S. 57: »So ist die Gewohnheit die große Führerin im menschlichen Leben.«

[109] Vgl. KANT, Kritik der reinen Vernunft, S. 226ff (»Grundsatz der Zeitfolge nach dem Gesetze der Kausalität«). Vgl. seine Kritik an HUME, ebenda, S. 47: Es gibt reine Urteile a priori, »will man ein solches aus dem gemeinsten Verstandesgebrauche, so kann der Satz, daß alle Veränderung eine Ursache haben müsse, dazu dienen; ja in dem letzteren enthält selbst der Begriff einer Ursache so offenbar den Begriff einer Notwendigkeit der Verknüpfung mit einer Wirkung und einer strengen Allgemeinheit der Regel, daß er gänzlich verlorengehen würde, wenn man ihn,

Urteile *a priori zu begründen,* ist jedoch nicht geglückt.«[110] Deshalb setzt POPPER an die Stelle der Induktion eine »Lehre von der *deduktiven Methodik der Nachprüfung*«.[111] Woher ein allgemeines Gesetz stammt, spielt dann dabei keine *erkenntnistheoretische* Rolle.

3.2.3.3.2.2 Die Falsifizierbarkeit eines Systems

POPPER hat nie – gegen oft verbreitete gegenteilige Meinungen wehrt er sich selbst[112] – ein Sinnkriterium formuliert. Er führt dagegen ein Abgrenzungskriterium kraft Beschluß ein: die Falsifizierbarkeit *nicht eines Satzes,* sondern einer *Theorie,* eines ganzen Systems: »Ein empirisch-wissenschaftliches System muß an der Erfahrung scheitern können«.[113] Wie wir sahen, zeigte er vorhin bei dem gescheiterten Fall, letzte Sätze auf Erlebnisse zurückzuführen, daß diese Sätze Theorien, Hypothesen sind. Mit dieser Grundauffassung beginnt schon seine Logik der Forschung: »Die Tätigkeit des wissenschaftlichen Forschers besteht darin, Sätze oder Systeme von Sätzen aufzustellen und systematisch zu überprüfen; in den empirischen Wissenschaften sind es insbesondere Hypothesen, Theoriensysteme...«[114] Diese können nur durch eine *deduktive* Methodik der Nachprüfung[115] getestet werden. *Wie* die Hypothesen entstehen, interessiert ihn nicht, sie können selbst metaphysischen Ursprungs sein. Es kommt nur auf ihre Prüfbarkeit an. Als Prüfungsinstanz gelten die Basissätze.
Läßt sich aus einer Hypothese ein Basissatz logisch deduzieren, so kann die Theorie zum Scheitern gebracht werden, wenn gleichzeitig ein anderer anerkannter Basissatz die Negation des deduzierten behauptet.

---

wie HUME tat, von einer öftern Beigesellung dessen was geschieht, mit dem was vorhergeht, und einer daraus entspringenden Gewohnheit (mithin bloß subjektiven Notwendigkeit), Vorstellungen zu verknüpfen, ableiten wollte.« Vgl. ferner Prolegomena, S. 115ff.

110 POPPER, Logik der Forschung, S. 5.

111 POPPER, Logik der Forschung, S. 5.

112 Vgl. POPPER, Logik der Forschung, S. 15.

113 POPPER, Logik der Forschung, S. 15.

114 POPPER, Logik der Forschung, S. 3.

115 Vgl. POPPER, Logik der Forschung, S. 17.

Also: $[(t \rightarrow p) \wedge \neg p] \rightarrow \neg t$.
Er wendet demnach die zweite klassische Schlußregel, den modus tollens an: »Ist p aus t ableitbar und ist p falsch, so ist auch t falsch.«[116] Daß dies kein Sinnkriterium ist, geht schon aus unserem damaligen zweiten Versuch hervor. Es ist als Abgrenzungskriterium nur die Festsetzung, *welche Theorien prüfbar sind.* Fällt der Test positiv aus, dann kann die Theorie *nur vorläufig* weitergelten. (Denn Verifikation ist ja ebenfalls ausgeschlossen.) Fällt der Test negativ aus, so wird sie verworfen. Unser empirischer Erkenntnisfortschritt besteht eigentlich nur im negativen Modus. Soviel, um den *Ort* der Falsifikationsmethode aufzuzeigen.

3.2.3.3.3 Die Konvention der Basissätze

Aber zurück zu unserer Hauptfrage. Wie führt POPPER die Prüfungsinstanz, die Basissätze ein? Die Antwort ist kurz und zugleich höchst problematisch: »Die Basissätze werden durch *Beschluß*, durch Konvention *anerkannt,* sie sind *Festsetzungen*.«[117] Diese Festsetzungen werden anläßlich einer Anwendung einer Theorie gemacht (s. o.), um sie durch die so festgelegten Basissätze zu überprüfen. Dies ist ein *planvoller* Entschluß.
POPPER verdeutlicht seine Theorie durch ein Bild aus dem klassischen Schwurgerichtsverfahren: Der »Wahrspruch« der Geschworenen entspricht den Basissätzen: »Durch den Beschluß der Geschworenen wird eine Behauptung über einen konkreten Vorgang aufgestellt, gewissermaßen ein Basissatz.«[118] Der Spruch des Richters dagegen *begründet* das Urteil. Die Sätze des Rechtssystems entsprechen dabei den Theorien, die Aussage der Geschworenen den Randbedingungen. Die Gründe des Richters »können daher auch logisch angegriffen werden... Der Beschluß hingegen kann nur darauf geprüft werden, ob er *regelrecht* zustande gekommen ist... also formal, nicht inhaltlich«.[119]

---

116 POPPER, Logik der Forschung, S. 45.
117 POPPER, Logik der Forschung, S. 71 (Hervorhebungen – außer der letzten – von uns).
118 POPPER, Logik der Forschung, S. 74.
119 POPPER, Logik der Forschung, S. 75.

Popper *legt* nun den Charakter von Basissätzen durch eine formale und materiale Forderung *fest:*

a) Die formale Festlegung erklärt sich aus dem vorhin aufgezeigten Stellenwert dieser Sätze und besagt, »daß (a) aus einem allgemeinen Satz (ohne spezielle Randbedingungen) niemals ein Basissatz folgen kann, daß jedoch (b) ein allgemeiner Satz mit Basissätzen im Widerspruch stehen kann. (b) kann nur erfüllt sein, wenn die Negation des widersprechenden Basissatzes aus der Theorie ableitbar ist. Daraus und aus (a) folgt: Wir müssen die logische Form der Basissätze so bestimmen, daß die Negation eines Basissatzes ihrerseits kein Basissatz sein kann.«[120] Basissätze haben also die Form: »An der Raum-Zeit-Stelle k gibt es das und das«.[121] Mit anderen Worten: Es sind *singuläre* Existenzsätze.

b) Kommen wir zur zweiten, zur *materialen* Forderung: »Basissätze müssen durch ›Beobachtung‹ intersubjektiv nachprüfbar sein.«[122] Nun, das Stichwort »Beobachtung« kennen wir schon. Es wurde immer vorausgesetzt, daß an dieser Stelle alles klar ist. Was versteht Popper darunter? Auf diese Zentralfrage, an der nun doch das ganze System hängt, wird der Leser keine befriedigende Antwort bekommen. Popper: »Wir wollen ihn *nicht durch Definition,* sondern als einen *undefinierten,* durch den *Sprachgebrauch hinreichend präzisierten Grundbegriff* einführen, den der Erkenntnistheoretiker in *ähnlicher Weise* zu gebrauchen *lernen muß,* wie *etwa* den Terminus ›Zeichen‹ – oder wie der Physiker den Begriff des ›Massenpunkts‹.«[123] Popper hält den undefinierten Grundbegriff für »erläuterungsfähig«[124], bringt selbst aber keine Erläuterung. Und damit stecken wir noch tiefer im Dilemma der empirischen Vernunft.

Wir werden nun abschließend unter systematischen Gesichtspunkten die Probleme der ins Wanken geratene Basis über die schon angeführten kritischen Einzelanmerkungen hinaus diskutieren und unsere Folgerungen für die empirische Vernunft ziehen.

---

120 Popper, Logik der Forschung, S. 66 f.

121 Popper, Logik der Forschung, S. 67.

122 Popper, Logik der Forschung, S. 68.

123 Popper, Logik der Forschung, S. 69. Die Hervorhebungen – ausgenommen ›Grundbegriff‹ – sind von uns, sie sollen die Problematik verdeutlichen.

124 Vgl. Popper, Logik der Forschung, S. 68.

3.2.3.4 *Letzte kritische Problemzuspitzungen:*

3.2.3.4.1 *Das Problem der Konvention*

3.2.3.4.1.1 Objektivität reduziert auf ein logisches Verfahren

Popper geht es um »Objektivität«, genauer um objektive Wissenschaft im Unterschied zu unserem Wissen, wie wir oben sahen. Was heißt dies nun im Kontext der Konventionsproblematik deutlicher? Es ist intersubjektive Nachprüfbarkeit gemeint, nämlich die Überprüfung einer Hypothese mittels eines kraft Beschlusses eingeführten Basissatzes. Dies heißt, objektiv ist nicht etwa dann die Realität der Außenwelt, oder das Kantsche »Ding an sich«.[125] Im Gegenteil, je näher man an den Sachverhalt herankommt, desto subjektivere Aussagen mußten gemacht werden. Dies ist doch die entscheidende Konsequenz aus unserer Diskussion z. B. der Protokollsätze gewesen. Dieser Subjektivismus wird nun durch die Konvention abgeschnitten, Popper streicht das »N. N.«, das Subjekt, den oben erwähnten »Otto«. Damit begrenzt er die Objektivität auf den bloßen Begründungszusammenhang, die deduktive Relation von Hypothesen und Basissätzen. Noch zugespitzter: *»Objektiv« kann dann nur ein logisches Verfahren heißen.* Dies hatten wir ja zur Genüge bei der Suche nach dem Sinnkriterium angewandt.

3.2.3.4.1.2 Kalkülisierung der Erfahrung?

Trifft diese unsere eben gemachte kritische Schlußfolgerung zu, dann legt sich tatsächlich ein Einwand nahe, den Stegmüller[126] in anderem Zusammenhang brachte: Die Konvention macht die empirische Wissenschaft zu einem bloßen Kalkül, ähnlich den mathematischen Axiomensystemen oder – können wir hinzufügen – der theoretischen Sprache L_T, die wir im siebten Versuch auf der Suche nach dem Sinnkriterium kennenlernten. Diese Kalküle sind völlig ungedeutet. Stegmüller gibt nun folgende Axiome zur Grundlegung der Erfahrungserkenntnis an:

---

[125] Vgl. dazu auch unseren Abschnitt 3.2.3.4.1.6 »Der verkürzte Kant«.
[126] Vgl. Stegmüller, Metyphysik, S. 361f.

Axiom 1: »Nur Sätze sind wissenschaftlich relevant; nur Sätze bilden daher den Gegenstand wissenschaftslogischer Betrachtungen.«[127] Dies entspräche auch der geschilderten Auffassung POPPERS.
Axiom 2: »Jede Theorie kann formalisiert werden.«[128] Nun ist aber eine formalisierte Sprache inhaltlich, das heißt hier empirisch, nicht mehr festgelegt, eben ungedeutet. Für diesen Kalkül ist aber die Widerspruchsfreiheit eine hinreichende und notwendige Bedingung. Auf dieser Stufe ist Mathematik und empirische Wissenschaft nicht zu unterscheiden; es gehen keine *speziellen* Merkmale irgendeiner Wissenschaft darin ein. Eben ein bloßer Kalkül. Folglich muß für eine Erfahrungswissenschaft mindestens ein weiteres Axiom angegeben werden:
Axiom 3: »Im Gegensatz zu logisch-mathematischen Systemen ist die Widerspruchsfreiheit für eine empirische Theorie bloß eine notwendige, nicht dagegen eine hinreichende Bedingung dafür, um akzeptiert zu werden.«[129]
Folglich (dies ist entgegen STEGMÜLLER kein weiteres Axiom, da es schon in Axiom 3 enthalten ist): »Erfahrungswissenschaften dürfen nicht in Kalküle verwandelt werden. Jede wissenschaftslogische Interpretation der erfahrungswissenschaftlichen Erkenntnis, die zu diesem Ergebnis führt, ist inadäquat.«[130]
STEGMÜLLER behauptet nun, POPPER verstoße gerade gegen Axiom 3, da ein System von Basissätzen durch eine Festsetzung gelten soll. Dann aber wäre nicht einzusehen, was es z. B. noch vor der Mathematik auszeichnet. Es könnte nach STEGMÜLLER ja auch ein Basissatz beschlossen werden: »An der Raum-Zeit-Stelle x,y,z,t gibt es einen Eisbären, der Integralaufgaben löst«.[131] Die Basissätze, werden sie durch Konvention eingeführt, sind also rundweg willkürlich. Dann würde aber die empirische Vernunft erst recht völlig »schwimmen«.
So bestechend dieser Gedankengang STEGMÜLLERS zunächst erscheint, so können wir uns ihm – diesmal leider – nicht anschlie-

---

127 STEGMÜLLER, Metyphysik, S. 322.
128 STEGMÜLLER, Metyphysik, S. 322.
129 STEGMÜLLER, Metyphysik, S. 324.
130 STEGMÜLLER, Metaphysik, S. 324f.
131 STEGMÜLLER, Metaphysik, S. 361.

ßen. Er wird unserer Meinung nach POPPER nicht gerecht. POPPER würde nie den Eisbärsatz akzeptieren, da es ihm überhaupt nicht um einzelne Basissätze geht. Vielmehr darum – wie wir sahen –, bestimmte Theorien durch die Basissätze zu prüfen. Die Basissätze sind Mittel zum Zweck der Theorieprüfung. Die Festsetzung ist zwar *logisch* willkürlich, aber in dem genannten Sinn »zweckmäßig«.[132] Somit scheint POPPER nochmals der Zwickmühle entgangen zu sein. (Abgesehen davon, daß »Zweckmäßigkeit« kein erkenntnistheoretisch relevanter Grund sein kann.) Aber nur einstweilen.

POPPER betont selbst mit Nachdruck den Unterschied zum Konventionalismus, der zum Kalkül führen würde: Nur die Basissätze, nicht aber die allgemeinen Sätze sind Konventionen.[133] Allerdings besteht nun doch zumindest die Gefahr der Kalkülisierung, wenn man überlegt, daß Theorien, die durch Basissätze (also durch Konventionen) vorläufig bestätigt sind, eben durch diese Konventionen gestützt werden, d. h. die Konvention überträgt sich letztlich doch auf die Theorie. Dann hätte auch STEGMÜLLER mit seinem Einwand recht: der »Eisbärensatz« könnte zur Stützung einer phantastischen Theorie benützt werden.

Es ist jedoch grundsätzlich zu beachten: POPPERS Anliegen ist gerade *nicht* die Stützung einer Theorie (dies ist nur ein Nebeneffekt), sondern ihre Falsifikationsmöglichkeit. Erkenntnis vollzieht sich dann aber im negativen Modus. Wir könnten fast sagen, in neuplatonischer Weise via negationis.[134]

3.2.3.4.1.3 Nochmals: Der Ärger mit der »Erfahrung«

Wenn auch die Basissätze *logisch* willkürlich beschlossen werden, so werden sie doch nicht willkürlich, sondern planvoll angewandt. Die Theorie, ein System nicht irgendeines Phantasieinhaltes soll

---

132 Vgl. POPPER, Logik der Forschung, S. 74.

133 Vgl. POPPER, Logik der Forschung, S. 74.

134 POPPER spricht in »Logik der Forschung« öfters von »Wahrheitsnähe« (S. 96) oder dem »unablässigen *Suchen* nach Wahrheit« (S. 225). In seinem neuen Werk »Objektive Erkenntnis« wehrt er sich dagegen, er behaupte, Wahrheit sei eine Illusion (S. 60); vgl. dort vor allem S. 70ff. Wichtig ist: Wir besitzen keine absolute Sicherheit (Basisproblem!).

überprüft werden, sondern solche, die »als *›unsere* Erfahrungswelt‹ darstellend«[135] ausgezeichnet sind. »Die Erfahrung« ist es, welche die Methode liefert.[136] »Die Erkenntnislogik... kann als eine Theorie der empirischen Methode bezeichnet werden – als *die Theorie dessen, was wir ›Erfahrung‹ nennen.*«[137] Damit wäre dann auch die Konvention zur »Erfahrung« hin durchlöchert. Hier ist aber doch zu fragen, was nun eigentlich der Unterschied von »Erfahrung« zu dem vorhin verworfenen »Erlebnis« ist.

Das »Erlebnis« wurde ausgeschlossen, um dem Subjektivismus und »Psychologismus« (wie POPPER öfters sagt) zu entgehen. Basissätze sind Konventionen. Theorien *und* Basissätze, die ja prinzipiell revidierbar sind, sollen aber an der »Erfahrung« scheitern. Diese liegt jedoch doch nur in konventionierten Basissätzen vor. Hier dreht sich POPPER im Kreis. »Die verworfene Evidenz fällt einem immer wieder in den Rücken, wenn man trachtet, die Objektivität der Wissenschaft in einer Weise zu begründen, die sie der schrankenlosen Beliebigkeit in der Aufstellung von Satzsystemen entzieht.«[138]

3.2.3.4.1.4 Rückfall in das Trilemma?

Wir hatten eingangs das Trilemma der Erfahrungsgrundlage dargestellt. POPPER sah keine Möglichkeit, direkt auf die Beobachtungsbasis zuzusteuern. Dies würde in einen subjektiven »Psychologismus« hineinführen. *Deshalb,* um der Objektivität willen, machte POPPER die Festsetzung.

Aber ist das dann nicht ein Rückfall in den dogmatischen Ansatz? Dort wurde ja auch unbegründet einfach beschlossen, festgesetzt. POPPER riecht diese Gefahr, meint aber, dieser Dogmatismus sei »harmlos«.[139] Nun ist »harmlos« nicht gerade ein erkenntnistheoretisch scharfer Ausdruck, aber POPPER will sagen: Er begründet zwar ähnlich dem Dogmatismus seinen Beschluß nicht, doch man

135 POPPER, Logik der Forschung, S. 13.
136 Vgl. POPPER, Logik der Forschung, S. 13ff.
137 POPPER, Logik der Forschung, S. 14.
138 STEGMÜLLER, Metaphysik, S. 363.
139 POPPER, Logik der Forschung, S. 70.

braucht ja nicht bei den anerkannten Basissätzen stehenbleiben. Sie können revidiert, nachgeprüft werden.[140]

Führt dies dann aber nicht zu einem unendlichen Regreß? Auch darauf weiß POPPER eine Antwort: Logisch ja, deshalb gerade die Festsetzung, die logisch willkürlich den Regreß abbricht. Außerdem wäre der Regreß »unbedenklich«[141], da ein Satz sowieso nicht zu beweisen, sondern nur im Zusammenhang mit anderen nachzuprüfen ist. Die Unterscheidung von begründen, beweisen einerseits und nachprüfen andererseits ist grundlegend für die Auffassung POPPERS. Wir meinen jedoch, auf Grund der verworfenen Evidenz windet sich POPPER dialektisch um eine Antwort: Wenn er auf den Regreß verwiesen wird, hebt er das Schild »haltmachen«, wird er nach dem Dogma befragt, zeigt er das Schild »nicht stehenbleiben«.

Aber irgendwie muß er doch die Konvention begründen, wenn er nicht den Kontakt zur Beobachtungsbasis, zur »Erfahrung« verlieren will. Logisch ist die Konvention willkürlich, *psychologisch* zweckmäßig, eben um Theorien an der Erfahrung scheitern zu lassen. Dies ist das *Motiv* und als solches der *Grund*, der es aber laut Ansatz nicht sein darf. Das heißt, die positive Begründung wird von der Erkenntnistheorie in die Psychologie abgeschoben und dort »Zweckmäßigkeit« genannt. Dort stellt sich aber von neuem die de-iure-Frage. Und Zweckmäßigkeitsgründe wären erkenntnistheoretisch irrelevant. Die Evidenz läßt sich also nicht verdrängen.

3.2.3.4.1.5 Die Basis schwankt

Der Grund für dieses Dilemma liegt unserer Meinung nach in folgenden radikalen Konsequenzen, die wir aus den bisherigen Überlegungen ziehen müssen:

a) Es gibt keine letztgültige Beobachtungsbasis, keinen letzten unwiderruflichen Basissatz.

b) Da wir aber, um überhaupt in irgendeinem Zusammenhang Nachprüfungen anstellen zu können, einen Fixpunkt brauchen,

---

[140] Vgl. POPPER, Logik der Forschung, S. 70.

[141] POPPER, Logik der Forschung, S. 70.

müssen wir ihn festsetzen. Dieser so entstandene Begründungszusammenhang ist dann »objektiv«.
a würde im Sinne POPPERS »unser Wissen«, b die »objektive Wissenschaft« kennzeichnen. Um diese Objektivität zu garantieren, braucht sich POPPER einerseits nicht für die Herkunft von Theorien interessieren (daher seine Offenheit selbst für die metaphysische Abkunft von Theorien), andererseits muß er den Basissatz festsetzen. a und b zusammen ergeben den Begründungszusammenhang. Es ist eigentlich ein kleines Gehäuse, in das sich POPPER mit seiner Objektivität zurückzieht. Durch a wird die »objektiv-gültige« Evidenz ausgeschaltet. Wie wir oben sahen, muß er aber bei b diese – zumindest als vorläufige – voraussetzen. Da er sie jedoch in die Psychologie abgeschoben hat, braucht er diese Frage als Nicht-Psychologe nicht mehr beantworten. Der Rest ist Schweigen.

3.2.3.4.1.6 Der verkürzte KANT

a und b verdeutlichen das bisherige Dilemma. Wir nennen es den »verkürzten KANT« und wollen dies kurz begründen.
POPPER und – wie wir sahen – auch die Theoretiker des Sinnkriteriums[142] lehnten KANTS Frage: »Wie sind synthetische Urteile a priori möglich?«[143] (apriorisch[!]) ab, damit aber auch die metaphysische Grundlegung der Erfahrungserkenntnis. In dieser Lehre wurzelt jedoch KANTS Auffassung von der Bedingung der Möglichkeit, Erfahrungserkenntnis überhaupt zu gewinnen. Er rechtfertigte die Möglichkeit dann bekanntlich durch den »transzendentalen Idealismus«.[144] Diesen Fragen stellen sich unsere Empiriker gar nicht, also auch nicht dem Rechtfertigungsproblem. Nun zeigt sich bei POPPER an der Beobachtungsbasis erstaunlicherweise ein KANTsches Symptom: Zu dem »Ding an sich«,[145] anders hier: dem »Beobachtungssatz an sich« als letztgültigem,

142 Vgl. Anm. 9 und Abschnitt 3.2.2.3.4 (c).
143 KANT, Kritik der reinen Vernunft, S. 59.
144 Vgl. dazu besonders Kritik der reinen Vernunft, S. 460ff: »Der transzendentale Idealism, als der Schlüssel, zu Auflösung der Kosmologischen Dialektik.«
145 »... die Existenz des Dinges, was erscheint, wird... nicht wie beim wirklichen Idealism aufgehoben, sondern nur gezeigt, daß wir es, wie es an sich selbst sei, durch Sinne gar nicht erkennen können« (KANT, Prolegomena, S. 153).

der also die adäquate Übereinstimmung einer Aussage mit dem Sachverhalt wäre, stoßen wir gar nicht vor. Wir haben die »Außenwelt« immer nur in einem Basissatz, also einer Aussage an einer Raum-Zeit-Stelle. Dieser singuläre Existenzsatz impliziert selbst wieder eine Theorie von Raum und Zeit. Unsere Beobachtungen und Basissätze sind nicht *rein,* sondern »von Theorien durchsetzt«.[146]

Hier würde POPPER also mit KANT übereinstimmen. Da er aber die a-priori-Begründung ablehnt, hat er keine Möglichkeit, die *Gültigkeit* zu behaupten. Die Basis schwankt. Wir müssen zur Überprüfung die Basissätze immer neu festsetzen. Und *dafür,* für diese subjektive Entscheidung, gibt ihm KANTS Ethik, die praktische Vernunft, die Möglichkeit.[147] Der Autonomiegedanke[148] ist für POPPER – und er beruft sich in diesem Zusammenhang ausdrücklich auf KANT – grundlegend.

3.2.3.4.1.7 Konvention als der Ermöglichungsgrund der Objektivität

Dies heißt nun nichts anderes als: Die Konvention ist der Ermöglichungsgrund der Objektivität. Konvention bedeutet aber konvenieren. Es kommen also mindestens zwei Wissenschaftler, also zwei *Subjekte* überein, etwas Gemeinsames »Objektives«, den Basissatz, anzuerkennen. Damit steckt dann doch im Ermöglichungsgrund der Konvention wieder ein subjektives Moment. Zugespitzt: *Objektivität wird durch subjektive Entscheidung ermöglicht.* Daß sich POPPER nicht erkenntnistheoretisch dafür interessiert, besagt erkenntnistheoretisch gar nichts. Dieses subjektive Moment steckt ja auch schon verbal in seiner Erläuterung der Objektivität, nämlich inter*subjektive* Nachprüfung, drin. Die Konvention setzt dann aber ein »Evidenzwissen« der je verschiedenen Subjekte, die die Festsetzung treffen, voraus.

---

[146] POPPER, Logik der Forschung, S. 76.

[147] Vgl. POPPERS Einführung zur deutschen Ausgabe seiner Offenen Gesellschaft, I, S. 5: »Die Moral, die in diesem Buch implizite gepredigt wird, ist die, die KANT begründet hat...«

[148] Vgl. POPPER, Offene Gesellschaft, I, S. 17.

3.2.3.4.2 *Das Problem der Evidenz*

Wir kritisierten, daß POPPER einerseits das Evidenzproblem in die Psychologie verbannt, und meinten, daß es sich dort nur neu stellt. Man löst ja keine Probleme, wenn man sie nur arbeitsteilig auf Fakultäten verteilt. Zum anderen mußte POPPER selbst »Evidenzvoraussetzungen« machen, um überhaupt argumentieren zu können. Das Evidenzproblem fiel ihm immer wieder in den Rücken. Zugleich kritisierten wir, daß »Erfahrung«, »beobachtbar« nie definiert wurde.

Ist es aber nicht einfach »evident«, was »wirklich«, »beobachtbar«, was »Fakten« sind? Faktisch können wir doch ganz gut mit diesen Begriffen arbeiten. Uns geht es hier jedoch nicht um den faktischen Vollzug, der sich trivial versteht. Erkenntnistheorie fängt dort an, wo Trivialitäten in Frage gestellt werden. Sie fragt nach KANT nicht nach dem »quid facti«, sondern dem »quid iuris«. Mit welchem *Recht* behaupten wir, bestimmte Fakten, Beobachtungen sind evident? Gerade in der Erkenntnistheorie wird die Evidenz zum Problem.

Wir versuchen also einen letzten Rettungsversuch der Objektivität durch allgemeingültige Evidenz. Wir *referieren* hier zunächst nach STEGMÜLLER[149], dessen Überlegungen zu diesem Problem wir für glasklar »evident« halten.

Zunächst sind zwei grundsätzliche, einander ausschließende Stellungnahmen möglich:

a) Es gibt Evidenz. Diese Behauptung ist natürlich möglich. Aber *beweisen* können wir sie nicht. Dies ist leicht *einzusehen.* Um sie zu beweisen, müßten wir für den Beweis Evidenz voraussetzen. Der Beweis würde also auf Evidenz gründen. Folglich zirkulär sein. Eben kein Beweis.

b) Es gibt keine Evidenz. Diese Behauptung ist natürlich möglich. Aber *beweisen* können wir sie nicht. Dies ist leicht *einzusehen.* Um sie zu beweisen, müßten wir für den Beweis Evidenz voraussetzen. Der Beweis würde also auf Evidenz gründen. Folglich kontradiktorisch sein. Eben ein Selbstwiderspruch.

Für beide Auffassungen mußten wir schon Evidenz voraussetzen,

---

149 Vgl. dazu STEGMÜLLER, Metaphysik, S. 162ff.

deshalb kam eben in unserer Darstellung auch zweimal der Ausdruck »einzusehen« vor. Also: Um über Evidenz zu reden, müssen wir immer schon Evidenz voraussetzen.
Selbstverständlich können wir Abstufungen vornehmen, zwischen »echter« und »falscher« Evidenz unterscheiden. Um unterscheiden zu können, benötigen wir eine Evidenzart außerhalb der beiden, eine Metaevidenz. In dieser Metaklasse würde über »echte« und »falsche« geredet.
Wer entscheidet nun, ob die Metaevidenz selbst eine »echte« oder »falsche« ist? Nur eine Metametaevidenz. Dies können wir in infinitum fortsetzen. Aber schon die erste Metaevidenz schafft Probleme: Mit ihrer Hilfe wollten wir ja auch die »echte« Evidenz begründen. Dann aber würde die Metaevidenz nicht in dieser Klasse der ersten »echten«, d. h. gültigen Evidenzen sein. Ein Widerspruch.
Folglich: »Das Evidenzproblem ist absolut unlösbar«.[150]
Dennoch müssen wir sie voraussetzen. »Wer keine Evidenz zuläßt, kann nichts mehr behaupten«.[151] Weiter STEGMÜLLER: »An Einsicht kann man *glauben* oder *nicht glauben,* man kann diesen *Glauben* oder *Unglauben* aber nicht weiter begründen«.[152] »Es ist eine *›vorrationale Urentscheidung‹,* die hier getroffen werden muß, und zwar in jedem einzelnen Falle, wo etwas *erkannt* werden soll.«[153] Wir weisen ausdrücklich darauf hin, daß diese Sätze (Hervorhebungen von uns) von einem Hauptvertreter der *analytischen* Philosophie stammen.
Wenn wir »Evidenz« nun nicht beweisen können, aber zeigen können, *warum* wir sie nicht beweisen können, dann haben wir immer schon »Evidenz« vorausgesetzt, das heißt, uns für »Evidenz« *entschieden.*
Wenden wir diese Evidenz-Überlegungen auf das Basisproblem an, um im Gegensatz zur Konvention doch noch die Ovjektivität dieser letzten Sätze zu retten, dann zeigt sich folgendes:
Wir sahen, daß in diesen Sätzen bestimmte Universalien vorkom-

---

[150] STEGMÜLLER, Metaphysik, S. 168.
[151] STEGMÜLLER, Metaphysik, S. 175.
[152] STEGMÜLLER, Metaphysik, S. 169.
[153] STEGMÜLLER, Metaphysik, S. 169.

men, daß diese Sätze also »im Lichte« von bestimmten Theorien und Hypothesen gemacht wurden. Würde beispielsweise ein Protokollsatz behaupten: »Otto sieht am 13. 1. 73 um 11.30 Uhr in seinem Arbeitszimmer an der Decke einen roten Flecken«, dann muß sich Otto, wenn er diese »Beobachtung«, dieses »Erlebnis« satzhaft ausspricht, daran *erinnern,* wie die Sprache, die er zur Formulierung des Erlebnisses gebraucht, gebaut ist. Außerdem kann er zu so einem Satz nur kommen, wenn er in der *Vergangenheit* vergleichbare »Erlebnisse« – beispielsweise mit »roten Flekken« hatte. Dies setzt – wie STEGMÜLLER[154] formuliert – eine untrügliche Erinnerungsevidenz »auf lange Sicht« voraus. Diese Erinnerungsevidenz wird aber gerade von den Vertretern der »Wahrnehmungsevidenz« abgelehnt.
Wir sehen, auch auf diese Weise ist die Letztgültigkeit des Satzes und damit seiner Beobachtung nicht zu verbürgen. Zugleich wird an diesem Beispiel unsere These von der geschichtlichen Abhängigkeit der empirischen Vernunft deutlich: Um den obigen Satz zu formulieren, müssen wir einen Lernprozeß durchgemacht haben, also beispielsweise die Sprache gelernt haben und »Erfahrungen mit roten Flecken« gesammelt haben.
Damit hängt nun die Basis der Erfahrungserkenntnis der Theorie nach in der Luft. Nicht nur die Suche nach dem Sinnkriterium führt zu keinem Ergebnis, sondern auch das Basisproblem selbst. Die empirische Vernunft muß viel *Vertrauensvorschüsse* zollen, um arbeiten zu können. »Vertrauen« ist keine punktuelle absolute Evidenz, sondern offen für die geschichtliche Entwicklung, es muß im Medium dieser Entwicklung immer wieder vollzogen werden. Wenn wir also um eine subjektive Entscheidung nicht herumkommen, POPPER ja auch die Forderung der intersubjektiven Nachprüfung erhoben hatte, dann müssen wir jetzt die Intersubjektivität selbst unter die Lupe nehmen.

3.2.3.4.3 *Das Problem der Intersubjektivität*

Lassen wir uns dabei von POPPERS Beschränkung auf den Begründungszusammenhang nicht abhalten, weiterzubohren.

---

154 STEGMÜLLER, Metaphysik, S. 325 u. 331.

Wir sagten oben, die Konvention ist der Ermöglichungsgrund der Objektivität. Dies gilt nicht nur für den Begründungszusammenhang selbst, der also als Prüfstein einen Basissatz voraussetzt, sondern für diesen Basissatz direkt. POPPER hatte ja gerade das subjektive Moment aus den Protokollsätzen gestrichen. Dieser ist durch Konvention, d. h. durch intersubjektive Abstimmung entstanden. Dies ist aber doch eine Entscheidung von *Subjekten*. Der »Wahrspruch« der Geschworenen – um sein Bild zu interpretieren – setzt doch die Gültigkeit anderer Basissätze voraus (Überprüfung der Zeugen usw.). Dies würde natürlich zum unendlichen Regreß führen. Deshalb schiebt POPPER die Konvention dazwischen. Hier muß er aber als *Grund* doch die Evidenz der je subjektiven Entscheidungen, die zur Konvention führt, voraussetzen. Es besagt de iure überhaupt nichts, wenn er diese Frage der Psychologie überlassen will.

Neben dieser subjektiven Entscheidungsevidenz, die grundsätzlich und immer wieder in jedem einzelnen Schritt implizit steckt, sind noch weitere sachliche Voraussetzungen der Entscheidungsmöglichkeit zu berücksichtigen.

So sicherlich der wissenschaftliche Sachverstand.[155] Auch POPPER muß dies selbstverständlich voraussetzen, wenn er beispielsweise davon spricht, daß jemand »die mathematisch-logische Umformungstechnik *gelernt*« haben oder »die Technik des betreffenden Gebietes«[156] *beherrschen* muß. Das heißt aber doch inhaltliches, *subjektives* Wissen. Dieses Wissen wurde aber im Laufe der Zeit angeeignet, gelernt. Damit ist der Sachverstand *geschichtlich* bedingt, also auch die *Entscheidung,* die zur Konvention führt. Wenn POPPER von einer »zweckmäßigen« Entscheidung spricht, muß er doch auch dies voraussetzen. Die Möglichkeit der Intersubjektivität der Forscher hängt damit von ihrer *»Plausibilitätsstruktur«*[157]

---

[155] Vgl. KAMLAH/LORENZEN, Propädeutik, S. 125: »...die Forderung der kritischen Nachprüfung durch *vernünftige Sachkenner* ...« (Hervorhebung von uns.)

[156] POPPER, Logik der Forschung, S. 65 (Hervorhebung von uns).

[157] Zum Begriff der Plausibilitätsstruktur vgl. BERGER/LUCKMANN, Die gesellschaftliche Konstruktion der Wirklichkeit, S. 165: »Die subjektive Wirklichkeit ist also immer an besondere Plausibilitätsstrukturen gebunden, das heißt: an die gesellschaftliche Grundlage und die gesellschaftlichen Prozesse, die für ihren Bestand erforderlich sind.«

ab. Diese Plausibilitätsstruktur besagt aber, daß der Forscher in eine Gruppe von anderen gebettet ist. Von dieser Gruppe her ist sein Selbstverständnis bestimmt. In ihr wird er verstanden und kann verstehen. Damit werden gleichzeitig terminologische, erfahrungsmäßige und traditionsbestimmte, also geschichtliche Bedingungen vorausgesetzt.

Zugleich ist die geforderte vernünftige Entscheidung – trivial – auch an die *intakte* Vernunft gebunden. Dies wird jeder akzeptieren. Es setzt also eine *gesunde*[158] Vernunft voraus. »Gesund« kann dann aber nicht nur somatisch verstanden werden, sondern auch psycho-somatisch. Damit wäre die Vernunft zugleich von *existentiellen* Bedingungen abhängig.

Vernunft ist also existenzgebunden, Existenz vollzieht sich im sozial-geschichtlichen Rahmen. Die de-iure-Frage der Erkenntnistheorie muß *in diesem Medium* gestellt werden. Gerade in der »Konvention« und der »Intersubjektivität« treffen sich Existenzgebundenheit und Geschichtlichkeit der Vernunft.

Damit ist aber zugleich grundlegend nach der Identität des Wissenschaftlers gefragt. *Wer* ist es eigentlich, der hier entscheidet, Zwecke festsetzt, Pläne schmiedet? *Wozu* macht er das? Was ist sein *Motiv*? Behauptet Popper mit Kant nachdrücklich die Autonomie des Menschen, dann muß er sich wie Kant die Frage nach dem autos unvermeidlich stellen lassen. Dann läßt sich aber der Begründungszusammenhang, so sehr er – durch seine *logische* Überprüfbarkeit – sein Eigenrecht hat, nicht mehr von dem ihn konstituierenden Entstehungszusammenhang trennen.

Wir stimmen Popper grundsätzlich darin zu, in der Wissenschaft Hypothesen immer einer Prüfung zu unterziehen. Wir akzeptieren also den Begründungszusammenhang. Es ist aber nicht damit getan, daß Popper alle anderen Probleme aus diesem Begründungszusammenhang beispielsweise in die Psychologie verbannt. Wir sahen, daß der Entstehungszusammenhang grundsätzlich den Begründungszusammenhang als solchen konstituiert. Das Schema des Begründungszusammenhangs kann zwar selbst wieder auf den

---

158 Vgl. zur Norm der Gesundheit: v. Weizsäcker, Einheit der Natur, S. 121 u. 322ff.

Entstehungszusammenhang angewendet werden, aber seine Objektivität ist relativiert.
Dieses Problem wollen wir nun in einen größeren Rahmen der empirischen Vernunft grundsätzlich stellen.

3.2.3.4.4 *Die doppelte Relativierung der Objektivität*

Wir sahen, es ist nicht möglich, im Sinne der Protokollsätze empirisches Wissen absolut objektiv zu garantieren. Gerade diese absolute Position führte in den »Erlebnissubjektivismus«. Demnach gehört als Begriffspaar absolut-subjektivistisch zusammen.
Andererseits zeigten wir, daß die Trennung von der absolut-subjektivistischen Basis zwar zur Objektivität führt, diese aber durch subjektive Entscheidung (mit deren impliziten Bedingungen) ermöglicht wird. Auch im Rahmen des Entstehungszusammenhangs muß die de-iure-Frage zunächst vorläufige Evidenz voraussetzen. Wir erhalten somit als Gegenbegriffspaar zu oben: objektiv-relativ. Auch POPPER betont diese Relativität, *ohne erkenntnistheoretisch auf ihre subjektive Evidenzbedingtheit einzugehen.* Dieses Ergebnis stimmt gerade mit den philosophischen Konsequenzen der Naturwissenschaft überein. So schreibt der Mathematiker H. WEYL: »Dieses Gegensatzpaar: subjektiv-absolut und objektiv-relativ scheint mir eine der fundamentalsten erkenntnistheoretischen Einsichten zu enthalten, die man aus der Naturforschung ablesen kann. Wer das Absolute will, muß die Subjektivität, die Ichbezogenheit, in Kauf nehmen; wen es zum Objektiven drängt, der kommt um das Relativitätsproblem nicht herum.«[159]
Damit liegt immer schon ein Stück des Erkenntnissubjektes (das muß nicht nur ein menschliches Subjekt sein!) im Erkennen des Objektes darin. Wir sahen dies an den Beobachtungen und den Basissätzen: Universalien, Theorien leiten unsere Fragestellung. Die Aussage, der Satz über ein »Ereignis« enthält damit immer schon eine Deutung. Wir erhalten also das Schema: Ereignis – Aussage (= Deutung). Diese Deutung kann aber nicht subjektivistisch-absolut verstanden werden. Unser Begriff von Subjekt heißt nicht Willkürlichkeit, sondern diese Subjekthaftigkeit wird

[159] WEYL, Philosophie der Mathematik und Naturwissenschaft, S. 150f.

ja inhaltlich bestimmt und bedingt, sie steht selbst wieder in einem Deutungsrahmen, wie wir oben zeigten. Subjektivität ist als solche ein leerer Begriff, ebenfalls ein bloßer Kalkülbegriff, es geht aber – wie wir sahen – dabei um die Frage, »*was* für ein Mensch man ist«.[160] Deshalb gilt die Relativität ja nicht bloß für menschliche Subjekte und ihre Fragestellungen (die also geschichtlich bedingt sind), sondern auch für Versuchsanordnungen. Die Anordnung der verschiedenen Apparaturen leitet die Frage-stellung. Diese Apparate implizieren aber zugleich wieder bestimmte Theorien, z. B. der Meßinstrumente. Dies entspricht den Universalien, die wir beim Aussprechen eines Basissatzes gebrauchen müssen. Diese enthalten, wie wir früher sagten, transsubjektive Elemente. »Objektiv« kann dann nur heißen: im Rahmen dieser genannten Relationen. Dies meint dann auch HEISENBERG mit seinen Konsequenzen aus der neueren Physik: »Wenn von einem Naturbild der exakten Naturwissenschaft in unserer Zeit gesprochen werden kann, so handelt es sich also eigentlich nicht mehr um ein Bild der Natur, sondern um ein *Bild unserer Beziehungen* zur Natur.«[161] Gilt diese Relativität von den Basissätzen, von den Beobachtungen, also dem, was doch faktisch (nicht de iure – wie wir sahen) evident zu sein scheint, so erst recht im Mikrobereich der Physik. Wir hatten diese Probleme schon bei der Suche nach dem Sinnkriterium gestreift. »Die Welt der aus der täglichen Erfahrung stammenden Begriffe ist zum ersten Male verlassen worden in der EINSTEINschen Relativitätstheorie.«[162] Die Relativierung auf Beobachter und Meßgeräte beschreibt dann HEISENBERG grundlegend so: »Das Kausalgesetz in seiner klassischen Form kann also seinem Wesen nach nur für abgeschlossene Systeme definiert werden. In der Atomphysik ist aber im allgemeinen mit jeder Beobachtung eine endliche, bis zu gewissem Grade unkontrollierbare Störung verknüpft, wie das in der Physik der prinzipiell kleinsten Einheiten auch von vornherein zu erwarten war.«[163]

---

160 SCHOLZ, Wie ist eine evangelische Theologie als Wissenschaft möglich?, S. 259 (Hervorhebung von uns).
161 HEISENBERG, Das Naturbild der heutigen Physik, S. 125 (Hervorhebung von uns).
162 HEISENBERG, Physikalische Prinzipien, S. 47.
163 HEISENBERG, Physikalische Prinzipien, S. 48.

Da auf Grund der EINSTEINschen Relativitätstheorie eine Änderung der KANTschen Vorstellung von Raum und Zeit erfolgte, läßt sich der Apriorismus *dieser Art* nicht mehr halten. KANTS Glaube an die reine Naturwissenschaft hatte zur Voraussetzung, daß NEWTONS Physik wahr sei.[164] KANTS Frage, *wie* synthetische Urteile möglich sind, baut ja darauf auf, *daß* sie möglich sind. In diesem Zusammenhang redet er (!) von »*Zutrauen*«.[165]
Auf Grund des eben geschilderten Wandels schiebt beispielsweise POPPER die a-priori-Probleme in die Psychologie ab. Letztlich gibt er aber eine ethische Antwort durch die Forderung der ständigen Prüfbarkeit. Diese ist dann die conditio sine qua non Wissenschaft überhaupt arbeiten kann. Diese Auffassung ist »a-priorisch«, nun nicht im Sinne der KANTschen theoretischen Vernunft als notwendig und allgemeingültig, sondern durch Entscheidung bedingt, also eher auf dem Boden der praktischen Vernunft anzusiedeln. Wir sahen, Objektivität ist systembezogen, auf das System, die Fragestellung, die Versuchsanordnung hin relativiert. Die klassische Mechanik als *ganzes* System war »objektiv«, ebenso die Quantenmechanik. Doch diese Systeme werden – ähnlich dem oben behandelten Begründungszusammenhang – als ganze konstituiert durch unsere Entscheidungen, die wiederum geschichtlich bestimmt sind. Deshalb kommt es bei der Übernahme einer Theorie auf die Plausibilitätsstruktur der Forschergemeinschaft an. Man kann sich ja auch der Übernahme eines Systems oder einer neuen Deutung verschließen, wie gerade die Anfänge der Diskussion in der Quantenphysik zeigen: »Man konnte von Wellen oder Teilchen sprechen und mußte gleichzeitig einsehen, daß es sich dabei keineswegs um eine dualistische, sondern eine durchaus einheitliche Beschreibung der Phänomene handelt; der Sinn der alten Wörter wurde in einem gewissen Umfang verwaschen. Es ist bekannt, daß selbst so bedeutende Physiker wie EIN-

---

164 Vgl. Metaphysische Anfangsgründe der Naturwissenschaft (1786).

165 Vgl. Prolegomena, S. 135: *Reine* Naturwissenschaft, also damit synthetische Urteile a priori, sind »wirklich«. Deshalb haben die *Prolegomena* nicht zu fragen, »*ob* sie möglich sei... sondern nur, *wie sie möglich sei*«. Wir können uns hier »auf etwas *stützen,* was man schon als *zuverlässig* kennt, von da man mit *Zutrauen* ausgehen... kann« (Hervorhebungen im zweiten Zitat von uns). Es ist erstaunlich, daß KANT hier von *Zutrauen* redet.

STEIN, V. LAUE, SCHRÖDINGER *nicht bereit oder nicht in der Lage* waren, diese *Änderung in der Struktur ihres Denkens* zu vollziehen.«[166] Es sind zunächst immer nur einzelne Forscher, die aus der bisherigen Plausibilitätsstruktur ausbrechen und damit aber zugleich eine neue ermöglichen. Sie müssen bei diesem Schritt, wir nennen ihn mit T. S. KUHN[167] »Paradigmawechsel«, Evidenz voraussetzen. *Sie müssen darauf vertrauen, daß das neue System tragfähiger ist als das alte,* der »Wahrheit näher«. Wenn wir in diese doppelte Relativierung der Objektivität geführt werden, stellt sich unausweichlich die Frage nach den ethischen Bedingungen des ganzen Prozesses. Dies führt zur letzten Konsequenz, die wir ziehen müssen.

3.2.3.4.5 *Die ethischen Grundlagen methodologischer Regeln*

Da im Bereich der kleinsten Teile die Beobachtung vom Vorgang und den Meßinstrumenten abhängt, auf sie relativiert ist, die Instrumente aber ja wieder aus Elementarteilchen aufgebaut sind, ergibt sich eine Art Zirkel: »Die Beobachtung atomarer Systeme ist nur möglich mit Meßgeräten, die tatsächlich in der Natur vorkommen, d. h. aber selbst aus Elementarteilchen aufgebaut sind. Diejenige Theorie, die das Naturgeschehen beschreibt, *wie es sich zeigt, wenn es mit solchen Meßinstrumenten* untersucht wird, ist die Quantentheorie. Der Einfluß, den die Meßgeräte von vornherein auf die Beobachtungsdaten haben, ist dabei durch die physikalischen Gesetze der Meßinstrumente, d. h. aber durch die Quantentheorie selbst bestimmt.«[168] Jetzt wird vielleicht auch hier deutlich, weshalb absolutes Wissen, absolute Beobachtung nicht möglich ist. Diese Feststellung fordert dann geradezu die Bereitschaft

---

166 HEISENBERG, Änderung der Denkstruktur, S. 278 (Hervorhebungen von uns).

167 Vgl. dazu KUHN, Die Struktur wissenschaftlicher Revolutionen, S. 208: »Das heißt, er (sc. der Wissenschaftler) muß den *Glauben* haben, daß das neue Paradigma mit den vielen großen Problemen, mit denen es konfrontiert wird, fertig werden kann, wobei er nur weiß, daß das alte Paradigma bei einigen versagt hat. Eine *Entscheidung* dieser Art kann nur im guten *Glauben* getroffen werden.« (Hervorhebungen von uns.)

168 MITTELSTAEDT, Philosophische Probleme der modernen Physik, S. 99 (Hervorhebung von uns).

zur ständigen Überprüfung heraus, welche aber nur ethisch begründet werden kann.
Auch die vorhin geschilderte Erweiterung hin zu Theoriensystemen verlangt diese ethische Rückfrage. Ging es beispielsweise CARNAP noch um die empirische Bestätigungsfähigkeit von Begriffen und Sätzen, so POPPER um die Falsifikationsmöglichkeit von Theorien. Zudem werden bei ihm – nicht immer klar unterschieden – zwei Möglichkeiten erkennbar: Einmal die Überprüfung einer Theorie durch einen Basissatz. Da aber hinter den Basissätzen ja wiederum Theorien stehen, geht es letztlich um konkurrierende Theorien. Wissenschaft ist dann ein Prozeß, eine Theorienfolge.[169]
Durch diesen größeren Rahmen wird natürlich nicht mehr Sicherheit gewonnen. Vielmehr ist erst recht schärfer nach den *ethischen Gründen* der Akzeptation einer Falsifikation zu fragen.
Wir wollen nun kurz nachweisen, daß beispielsweise hinter POPPERS methodologischen Regeln seiner Theorie ethische Gründe verborgen sind:
Um den Begründungszusammenhang überhaupt zu ermöglichen, mußte die Entscheidung der Konvention getroffen werden. Diese könnte aber zur Kalkülisierung der Erfahrungswissenschaften führen. Da Hypothesen und Basissätze verworfen werden können, müssen unserer *logischen* Willkür Grenzen gesetzt werden. Dazu führt POPPER methodologische Regeln ein. Das heißt aber, diese Regeln sind Handlungsanweisungen, also ethisch. POPPER nennt – wie wir sahen – zwei solche Regeln:[170]
a) Bisher bewährte Hypothesen dürfen nicht ohne *Grund* (hier in der Methodologie kommt also doch der »*Grund*« hinein) fallengelassen werden. Als akzeptable Gründe gibt er einmal die Falsifikation (ihrer Folgerungen), zum anderen den Ersatz durch besser prüfbare an.
b) »Das Spiel der Wissenschaft hat grundsätzlich kein Ende.«[171]
Beide Regeln gipfeln nach ihm darin: Die Falsifikationsmöglichkeit darf nicht verhindert werden.[172] Diese Regeln sind nötig, um

---

[169] Vgl. dazu den POPPER-Schüler LAKATOS, Methodology, S. 91ff.
[170] Vgl. POPPER, Logik der Forschung, S. 26.
[171] POPPER, Logik der Forschung, S. 26.
[172] Vgl. POPPER, Logik der Forschung, S. 26.

den Begründungszusammenhang nicht zum bloßen Kalkül werden zu lassen. Wer diese »Spielregeln« nicht beachtet, tritt aus der empirischen Wissenschaft aus. Sie garantieren also das Abgrenzungskriterium.[173]

Nun setzt aber die Annahme dieser Regeln *Toleranz* voraus, die sich vor allem gegenüber der Herkunft der Hypothesen zeigt; denn jede mögliche kann akzeptiert werden, wenn sie nur prüfbar ist.

Zum anderen setzt die Falsifikationsforderung die *Bereitschaft* voraus, liebgewonnene Theorien fallenlassen zu können. Da dies auch für die eigenen gilt, zudem *Selbstkritik*. Wenn aber die empirische Vernunft – wie wir sahen – existenzgebunden ist, ist diese Bereitschaft nicht selbstverständlich. Nicht nur, daß man Theorien immunisieren (also der Falsifikationsmöglichkeit entziehen) kann, ist das Problem; sondern die Falsifikation muß auch *anerkannt*[174] werden. Denn es ist in solch einem Fall die Frage berechtigt, ob nun die Theorie oder der anerkannte Basissatz falsch war.[175] Die Regeln müssen ja auch für die schon anerkannten Basissätze gelten, sonst könnten diese kraft Beschluß einfach »festgeschrieben« werden. Außerdem stehen ad hoc Verbesserungsmöglichkeiten der Theorie, Einschränkungen usw. zur Verfügung. Es würden also wieder andere methodische »Tricks« möglich sein. Es ist außerdem nicht immer sofort evident, ob ein »die Theorie widerlegender Effekt«[176] vorliegt. Dieser eben geschilderte, oft recht komplizierte Prozeß setzt *Ehrlichkeit* voraus.

---

173 Vgl. POPPER, Logik der Forschung, S. 26.

174 Es gilt ja grundsätzlich: »Ein zwingender logischer Beweis für die Unhaltbarkeit eines Systems kann ja nie erbracht werden« (POPPER, Logik der Forschung, S. 23 Anm. **1).

175 Vgl. POPPER an anderer Stelle (Logik der Forschung, S. 55 Anm.) vage: »Dann bleibt es ihm überlassen, ob er meinen falsifizierenden Basissatz annimmt oder verwirft«.

176 Der Widerspruch eines Basissatzes ist ja eine bloß notwendige, aber nicht immer hinreichende Bedingung zur Falsifikation; vgl. POPPER, Logik der Forschung, S. 54. Ebenda: »Widersprechen also der Theorie nur einzelne Basissätze, so werden wir sie deshalb noch nicht als falsifiziert betrachten. Das tun wir vielmehr erst dann, wenn ein die Theorie widerlegender *Effekt* aufgefunden wird; anders ausgedrückt: wenn eine (diesen Effekt beschreibende) empirische Hypothese von niedrigerer Allgemeinheitsstufe, die der Theorie widerspricht, aufgestellt wird und sich bewährt.«

Und letztlich benötige ich in diesem Prozeß die Information und Überprüfungsergebnisse anderer Forscher (und damit auch ihre *Aufrichtigkeit!*), deren Ergebnisse übernommen werden. Dies setzt *Vertrauen* voraus. Jede Theorie oder jeden Basissatz trotz ihrer grundsätzlichen Revisionsmöglichkeit zu »hinterfragen«, würde Wissenschaft *praktisch* unmöglich machen. *Der Prozeß der empirischen Forschung ist ohne diese Vertrauensgrundlage undenkbar.* Die empirische Vernunft schreit gleichsam von ihren Regeln her nach einer ethischen Begründung.

3.2.3.4.6 *Das Spiel der Wissenschaft*

Empirische Wissenschaft ist ein Spiel. Wir lernten ihre Regeln kennen. Wir zeigten die Relativierung der Objektivität, die Bedingungen der Möglichkeit der Intersubjektivität auf. Diese Voraussetzungen müssen immer gemacht werden, wenn es überhaupt zu einer Konvention über die Basissätze kommen soll.
Was passiert aber, wenn es zu keiner Einigung kommt? POPPER: »...so würde das bedeuten, daß die Sprache als intersubjektives Verständigungsmittel versagt. Durch eine solche Sprachverwirrung wäre die Tätigkeit des Forschers ad absurdum geführt; wir müßten unsere Arbeit am Turmbau der Wissenschaft einstellen.«[177] Die intersubjektive Verständigungsmöglichkeit ist also eine *notwendige* Voraussetzung, um wissenschaftlich arbeiten zu können. Diese Intersubjektivität wird ihrerseits – wie oben gezeigt – wieder anthropologisch und sozialgeschichtlich bedingt. Wir müssen viel voraussetzen, um arbeiten zu können.
Erinnern wir uns an POPPERS erste methodologische Regel: »Das Spiel der Wissenschaft hat grundsätzlich kein Ende: Wer eines Tages beschließt, die wissenschaftlichen Sätze nicht weiter zu überprüfen, sondern sie etwa als endgültig verifiziert zu betrachten, der tritt aus dem Spiel aus.«[178] Niemand kann zu diesem Spiel logisch gezwungen werden. Logik kann gar keinen Zwang ausüben. Die Entscheidung zur Wissenschaft ist eine ethische. Wer also Festsetzungen »*nicht* akzeptiert, mit dem streiten wir nicht«, wie H.

---

177 POPPER, Logik der Forschung, S. 70.
178 POPPER, Logik der Forschung, S. 26.

SCHOLZ sagt.[179] Die Entscheidung hängt in der Tat davon ab, »was für ein Mensch man ist«.[180]
Spiele sind etwas Vorläufiges. Sie vereinen Ernst und heitere Gelassenheit. Den Ernst beschreibt die extrem intolerante Forderung der Überprüfung, der Begründungszusammenhang. Die Gelassenheit zeigt sich darin, daß wir keine sichere Basis haben, daß wir absolute Wahrheit nicht finden können. Spiele sind ohne Vertrauen nicht möglich.

3.2.3.4.7 *Ergebnis: Vertrauen als Grundlage der Vernunft*

Wir fassen zusammen: Die Objektivität wird grundsätzlich relativiert. Sie hängt zudem von einer intersubjektiven Konvention ab. Diese ist wieder anthropologisch und sozialgeschichtlich bedingt. Zugleich müssen wir in diesem Medium immer Evidenz voraussetzen. Da es aber keine letztgültigen Sätze gibt, verlangt die Revisionsbereitschaft eine ethische Grundlegung. Sprechen wir besser von Vertrauen: Die empirische Wissenschaft kann nicht arbeiten, wenn sie dieses Vertrauen nicht wagt. Dieses Vertrauen kann nicht eine statische Evidenz sein, ein für allemal gültig, sondern offen für Widerlegung und geschichtlichen Wandel.
Die Basis schwankt, »die Wissenschaft baut nicht auf Felsengrund. Es ist eher ein Sumpfland, über dem sich die kühne Konstruktion ihrer Theorien erhebt«.[181] Was bleibt uns?: »Wenn man *hofft,* daß sie das Gebäude tragen werden, beschließt man, sich vorläufig mit der Festigkeit der Pfeiler zu begnügen.«[182] Diese Hoffnung setzt also Vertrauen in die Tragfähigkeit der Basis voraus.
Können wir einen Beweis führen? Ja. Wenn wir einen Basissatz haben. Haben wir eine Garantie für seine Gültigkeit? Nein. Können wir dann überhaupt anfangen zu beweisen? Ja, wir müssen uns für einen Satz entscheiden. Haben wir einen festen Grund für diese Entscheidung? Nein. Wir schweben, aber wir vertrauen.

---

179 SCHOLZ, Wie ist eine evangelische Theologie als Wissenschaft möglich?, S. 225.
180 SCHOLZ, Wie ist eine evangelische Theologie als Wissenschaft möglich?, S. 259.
181 POPPER, Logik der Forschung, S. 75f.
182 POPPER, Logik der Forschung, S. 76 (Hervorhebung von uns).

»Man muß nicht das Wissen beseitigen, um dem Glauben Platz zu machen. Vielmehr muß man bereits etwas glauben, um überhaupt von Wissen und Wissenschaft reden zu können.«[183]

[183] Stegmüller, Metaphysik, S. 33.

4 Nichtempirische Rückkopplung: Vertrauen ist der Ermöglichungsgrund der Vernunft

Der Modellfall unserer Arbeit ist die empirische Vernunft. Um *anzudeuten,* wie unser Thema in einen größeren Rahmen gestellt werden könnte; machen wir die folgenden Anmerkungen. Dabei werden wir uns in diesem Kontext natürlich nur auf wenige Sätze beschränken können, die die Quintessenz unserer Überlegungen in diesen Bereichen anvisieren.

4.1 Anmerkung zum Problem der Hermeneutik

Unser Teilergebnis, daß die Vernunft existenzgebunden sei, könnte dazu verführen, in der Hermeneutik[184] den festen Boden zu suchen. Statt »erklären« jetzt »verstehen«. Wir umschreiben für unsere kurze Anmerkung das Problem mit dem DILTHEY-Wort: »Hinter das Leben kann die Erkenntnis nicht zurückgehen.«[185]

Galt für SCHLEIERMACHER die Einheit der menschlichen Gattung, für DILTHEY die »Grundlage der allgemeinen Menschennatur«[186] als entscheidende Basis, die Verstehen als »divinatorische«, nachschöpferische Interpretation überhaupt ermöglicht[187], so versuchte gerade in der theologischen Diskussion BULTMANN von diesem Psychologismus wegzukommen.[188] Im Anschluß an HEIDEGGER bezog er Verstehen auf die Existentialia, die immer gleichbleibenden Strukturen des Daseins.[189]

184 Vgl. dazu grundsätzlich: BULTMANN, Problem der Hermeneutik, S. 211ff; DILTHEY, Entstehung der Hermeneutik, S. 317ff; GADAMER, Wahrheit und Methode.
185 Zitiert bei LORENZEN, Denken, S. 26; vgl. DILTHEY, Übersicht meines Systems, S. 180: »Hinter das Leben kann das Erkennen nicht zurückgehen«, in: Gesammelte Schriften, VIII, Stuttgart/Göttingen 1960²; vgl. auch Bd. V, S. 5, 83, 136, 194.
186 DILTHEY, Entstehung der Hermeneutik, S. 329.
187 Es kann nach DILTHEY »in keiner fremden individuellen Äußerung etwas auftreten..., das nicht auch in der auffassenden Lebendigkeit enthalten wäre.« (Entstehung der Hermeneutik, S. 334).
188 Vgl. BULTMANN, Problem der Hermeneutik, S. 211ff.
189 Nach HEIDEGGER ist Verstehen »das existenziale Sein des eigenen Seinkönnens

Alle genannten Positionen setzen Vertrauen in ihre Basis, sei es die Menschennatur, die Seinsstruktur oder subjektive Sinnwahrheit[190] voraus. Oder es wird mit GADAMER[191] – der über diese angedeuteten Entwürfe hinauszugehen versucht – vertraut auf die Antizipation von Sinn, der durch die Wirkungsgeschichte der Überlieferung bestimmt ist. Insgesamt wird natürlich Vertrauen in die Sprache[192] vorausgesetzt (vgl. unseren Teil 0). Existenz ist also selbst vom Vertrauensgrund umfangen.

Der bleibende Vorzug der Hermeneutik ist in unserem Kontext der ständige Hinweis auf das Vor-Verständnis, auf das »Lebensverhältnis... zu der Sache«[193], wie wir dies auch an POPPERS »Hintergrundwissen« aufzeigten. Hermeneutik legt den Finger auf den Entstehungszusammenhang.

Dennoch haben wir Schwierigkeiten und raten nach langer Beschäftigung mit dieser ganzen Problematik zur Vorsicht, irgendeinen Vorzug in einer hermeneutischen *Methode*[194] zu sehen. Die

---

des *Daseins* selbst, so zwar, daß dieses Sein an ihm selbst das Woran des mit ihm selbst Seins erschließt« (S. 144). Dasein ist Seiendes, dem es *»als In-der-Welt-Sein«* um es selbst geht (S. 143). Als solches entwirft sich das Dasein auf seine *Möglichkeiten* (»Worumwillen« S. 145); Zitate aus Sein und Zeit, Hervorhebungen – oben – von uns.

190 Sinn ist das durch »Vorgriff strukturierte Woraufhin des Entwurfs, aus dem her etwas als etwas verständlich wird«. Nicht Seiendes, sondern nur das *Dasein des Menschen* »kann daher sinnvoll oder sinnlos sein« (HEIDEGGER, Sein und Zeit, S. 151).

191 GADAMER, Wahrheit und Methode, S. 277: »Die Antizipation von Sinn, die unser Verständnis eines Textes leitet, ist nicht eine Handlung der Subjektivität, sondern bestimmt sich aus der Gemeinsamkeit, die uns mit der Überlieferung verbindet.« Zum wirkungsgeschichtlichen Bewußtsein, das den Vorrang der Überlieferung vor dem Verstehen zeigt, S. 324ff.

192 Vgl. schon SCHLEIERMACHER, Hermeneutik (Ausgabe von LÜCKE), S. 262: »Man kann sich aber darüber nur durch die Sprache verständigen.« (Über Schriftauslegung.)

193 BULTMANN, Problem der Hermeneutik, S. 217.

194 Für dieses Problem verweisen wir auf den grundlegenden Aufsatz von ABEL, The operation called Verstehen, S. 177ff. Er weist dort nach, daß die Analogie*schlüsse,* auf denen letztlich Hermeneutik aufbaut, unhaltbar sind. Die Voraussetzung für diese Analogieschlüsse sind – unserer Erkenntnis nach – die dogmatischen Grundpositionen (allgemeine Menschennatur, *der* Mensch). Nur wenn diese als *unumstößlich* vorausgesetzt werden, kann man beispielsweise BULTMANNS Satz überhaupt sinnvoll verstehen: »Die ›subjektivste‹ Interpretation ist hier die ›objektivste‹, d. h. allein der durch die Frage der eigenen Existenz Bewegte vermag den Anspruch des Textes zu hören« (Problem der Hermeneutik, S. 230); vgl. dazu auch unsere Bemerkungen zur Objektivität in 3.2.3.4.4.

Zirkelhaftigkeit – auf die gerade GADAMER so pocht[195] – darf nicht zur Methode gemacht werden. Das Vorverständnis muß als These formuliert und Hypothese verstanden werden, die sich bewähren muß. Der Vorwurf, der gerade oft[196] BULTMANNS Ansatz gemacht wurde – Stichwort »praejudizierendes Vorverständnis« –, bedeutet doch in unserem Zusammenhang: Das Vorverständnis wird dann als dogmatisch festgelegt verstanden, ist eben nicht falsifizierbar.

4.2 Anmerkung zum Problem der Dialektik

Unser Teilergebnis, daß die Vernunft existenzgebunden, diese wiederum geschichtsbezogen sei, könnte dazu verführen, in der Dialektik das Heil zu suchen. Geht es doch bei der Existenz nicht um eine abstrakte Subjekthaftigkeit, um einen Menschen an sich, dessen Existentialia wir als gleichbleibende Strukturen herauszufinden hätten.

Mit Recht machte vor allem MAX HORKHEIMER im Anschluß an MARX auf die sozial-geschichtliche Bedingtheit der Vernunft aufmerksam. Es muß eine kritische Theorie gefunden werden, »in der die Einseitigkeit, welche durch die Abhebung intellektueller Teilvorgänge von der gesamtgesellschaftlichen Praxis notwendig entsteht, wieder aufgehoben wird.«[197] Von HORKHEIMER herkommend, versucht vor allem in jüngster Zeit HABERMAS die Hermeneutik dialektisch zu erweitern, so daß »die Fragmente der bisherigen Überlieferung hypothetisch zur Totalität der vorverstandenen Universalgeschichte«[198] verstanden werden. Von dieser Antizipation der Totalität der Geschichte her, die also Sprache und Lebensform einschließt, könnten dann – in Übernahme FREUDscher Gedanken[199] – die bestehenden Verzerrungen und Störun-

---

195 Vgl. GADAMER, Wahrheit und Methode, S. 279ff; vgl. schon HEIDEGGER, Sein und Zeit, S. 152: »Der *Zirkel* aber ist nach den elementarsten Regeln der Logik circulus vitiosus. Damit aber bleibt das Geschäft der historischen Auslegung a priori aus dem Bezirk strenger Erkenntnis verbannt.«

196 z. B. THIELICKE, Der Evangelische Glaube, I, S. 57ff.

197 HORKHEIMER, Kritische Theorie, S. 148.

198 HABERMAS, Logik der Sozialwissenschaften, S. 166.

199 Vgl. besonders HABERMAS, Universalitätsanspruch, S. 134. Dazu Erkenntnis und Interesse, S. 262ff.

gen des Sprachverkehrs aufgedeckt werden.[200] Es wird also eine »herrschaftsfreie« Kommunikation[201] gefordert. In dem Vorgriff auf eine idealisierte Sprachform steckt dann auch die Antizipation des »richtigen Lebens«.[202] Gerade dieser Vorgriff auf die Totalität setzt einen ungeheueren *Vertrauensvorschuß* voraus.[203] Zugleich wird deutlich, daß die Geschichtsbedingtheit der Vernunft wieder zurückgeworfen wird auf die Subjekte, die dies Neue inszenieren sollen. Sie müssen doch aus der »verzerrten« Plausibilitätsstruktur ausbrechen, um eine neue zu schaffen. Gerade die sozialgeschichtlichen Objektivationen sind ja von Subjekten verursacht, wie der junge MARX treffend schreibt: »Die *eigene* Tat des Menschen (wird) ihm zu einer fremden, gegenüberstehenden Macht..., die ihn unterjocht, statt daß er sie beherrscht.«[204] Auch hier kämen wir in der Frage des Ermöglichungsgrundes der Vernunft zu keinem anderen Ergebnis: Vertrauen umgreift die Geschichtsgebundenheit der Vernunft. Ob sich die Vernunft auf die Beobachtungsbasis bezieht, oder dem Seinszusammenhang vertraut, oder letztlich in der Antizipation der Totalität des Geschichtszusammenhangs zum »Endvertrauen« durchdringt, um Vertrauen kommt auch dialektische Vernunft nicht herum: JÜR-

---

200 Bei HABERMAS gehören folgende »Endantizipationen« zusammen:
a) »Der Vorgriff auf die ideale Sprechsituation« (Theorie der Gesellschaft, S. 141; vgl. Universalitätsanspruch, S. 154),
b) der »antizipierte Endzustand eines Bildungsprozesses« (Logik der Sozialwissenschaften, S. 193),
c) die »Antizipation richtigen Lebens« (Universalitätsanspruch, S. 154).
Deshalb nimmt nach ihm von einer »Theorie kommunikativer Kompetenz« »die kritische Theorie der Gesellschaft ihren Ausgang« (Theorie der Gesellschaft, S. 141).

201 »Wenn Sinnverstehen nicht a fortiori gegenüber der Idee der Wahrheit indifferent bleiben soll, müssen wir mit dem Begriff einer Wahrheit, die sich an der *idealisierten,* in unbegrenzter und *herrschaftsfreier* Kommunikation erzielten Übereinstimmung bemißt, zugleich die Struktur eines *Zusammenlebens* in zwangloser Kommunikation vorwegnehmen.« (Universalitätsanspruch, S. 154; Hervorhebungen von uns.)

202 »Die Idee der Wahrheit, die sich am wahren Konsensus mißt, impliziert die des wahren Lebens.« (Universalitätsanspruch, S. 155.)

203 Auch nach HABERMAS liegt schon in der Sprache Vertrauen: »Liegt nicht in Wahrheit allem Mißverstehen etwas wie ein ›*tragendes* Einverständnis‹ voraus?« (GADAMER, zustimmend zitiert von HABERMAS, Universalitätsanspruch, S. 151; Hervorhebung von uns.)

204 MARX, Deutsche Ideologie, S. 33 (Hervorhebung von uns).

GEN HABERMAS: »Ich vertraue auf die Kraft der Selbstreflexion.«[205]

Der bleibende Vorzug der dialektischen Vernunft ist ihr ständiger Hinweis auf die geschichtliche Bedingtheit des Begründungszusammenhangs. Dennoch haben wir Schwierigkeiten, einen Vorzug in einer dialektischen *Methode*[206] zu sehen. Daß unsere Erkenntnis in der lebensgeschichtlichen Situation verwurzelt ist, darf nicht zur Methode führen. Der Begründungszusammenhang darf nicht selbst zirkulär[207] – oder gar widersprüchlich[208] sein. Die Totalitätsthese[209] muß zur Hypothese erklärt werden. In der bloßen Behauptung entzieht sie sich qua Definition der Überprüfbarkeit.

---

205 HABERMAS, Gegen einen positivistisch halbierten Rationalismus, S. 236.

206 Vgl. dazu den Aufsatz POPPERS, Was ist Dialektik?, S. 262ff. Dies hat vor allem ENGELS – in natürlich mißglückter Form – im »Anti-Dühring« und der »Dialektik der Natur« versucht: »... daß die dialektischen Gesetze wirkliche Entwicklungsgesetze der Natur, also auch *für die theoretische Naturforschung* gültig sind« (Dialektik der Natur, S. 349, Hervorhebung von uns; vgl. dazu die Bemerkung des Marxisten KLAUS, Anm. 208). ENGELS nennt drei »Gesetze«: Umschlag von Quantität in Qualität, Durchdringung der Gegensätze, Negation der Negation (Dialektik der Natur, S. 348).
Das Problem läßt sich schon an ENGELS Beispielen aufzeigen: »Nehmen wir eine beliebige algebraische Größe, also a. Negieren wir sie, so haben wir – a (minus a). Negieren wir diese Negation, indem wir – a mit – a multiplizieren, so haben wir + a^2, d. h. die ursprünglich positive Größe, aber auf einer höheren Stufe...« (Anti-Dühring, S. 127; vgl. dazu die vernichtende ironische Kritik bei POPPER, Dialektik, S. 274.)

207 Es ist der Diskussion nicht gerade förderlich, wenn HABERMAS mißverständlich formuliert, daß der Begriff des Ganzen »die Grenzen formaler Logik« überschreitet (Analytische Wissenschaftstheorie, S. 155). Welche logische Struktur sollen dann diese Gesetze haben?
Andererseits ist es nicht fair, HEGEL immer wieder – z. B. STEGMÜLLER, Theorie und Erfahrung, S. 368 – an Hand seiner Definition der Elektrizität anzugreifen: »Die Elektrizität ist der reine Zweck der Gestalt, der sich von ihr befreit, die Gestalt, die ihre Gleichgültigkeit aufzuheben anfängt; denn die Elektrizität ist das unmittelbare Hervortreten oder das noch von der Gestalt herkommende, noch durch sie bedingte Dasein...« (Enzyklopädie II, S. 274.) Es gehört zu einer ethisch wissenschaftlichen Haltung, den Gegner dort zu treffen, wo er am stärksten ist und nicht dort, wo er – wie HEGEL in der formalen Logik – nun wirklich keine Ahnung hatte. Außerdem war HEGEL nicht bei den HEW beschäftigt.

208 Es liegt dann nämlich die Verwechslung von konträren und kontradiktorischen Widersprüchen vor. Nur letztere meint das aristotelische Gesetz vom verbotenen Widerspruch. Auch der marxistische Fachmann für Logik in der DDR, KLAUS, schreibt: »Dieser Verwechslung in gewissem Umfang Vorschub geleistet zu haben, ist einer von HEGELS schwerwiegenden philosophischen Fehlern.« (Moderne Logik, S. 55.)

209 Sowohl in der Hermeneutik wie in der Dialektik spielt ja das Verhältnis von

4.3 Anmerkung zum Problem der Logik

Gleichgültig, ob wir uns empirischer, hermeneutischer oder dialektischer Vernunft anschließen, die Gültigkeit der Logik müssen wir immer voraussetzen. Auch von marxistischer Seite[210] wird dies zugestanden.

Doch selbst hier ist keine absolute Sicherheit möglich. KANT, der die Logik dem analytisch-apriorischen Bereich, die Mathematik dem synthetisch-apriorischen zurechnete, behauptete[211] noch, die Logik hätte seit ARISTOTELES keine Fortschritte gemacht. Inzwischen hat sie sich aber im Temposchritt zur Logistik entwickelt.[212] Und gerade der nach KANT antinomienfreie Bereich von Logik und Mathematik wurde in seinen Grundlagen[213] erschüttert: Beispielsweise durch die nach RUSSEL – »Die Menge aller Mengen, die sich nicht selbst als Element enthalten«[214] – und CANTOR benannten Antinomien.[215]

Drei Axiome gelten in der aristotelischen Logik: Der Identitätssatz, der Satz vom verbotenen Widerspruch, der Satz vom ausgeschlossenen Dritten. Doch schon der letzte gilt beispielsweise nicht mehr in der intuitionistischen, *drei*wertigen Logik.[216]

Wie aber könnten Axiome selbst »begründet« werden? Drei Deutungsmöglichkeiten gäbe es:

a) Axiome sind selbstevident. PASCAL: Wir dürfen »keines von den Dingen beweisen wollen, die so selbstevident sind, daß es nichts noch Klareres mehr gibt, um sie zu beweisen.«[217] Hier wäre das Vertrauen am stärksten.

Ganzem und Summe der Teile eine entscheidende Rolle. E. NAGEL zeigt Möglichkeiten auf, das Ganze als System, also hypothetisch, zu verstehen; vgl. Über die Aussage: »Das Ganze ist mehr als die Summe seiner Teile«, S. 225ff. Diese Interpretation würde unserer Meinung nach gerade die Geschichtsbedingtheit aufzeigen, das Vertrauen in das System aber geschichtlich offenhalten und nicht in Totalitätsvertrauen verfestigen.

[210] Vgl. KLAUS, Moderne Logik, S. 54.

[211] Vgl. KANT, Kritik der reinen Vernunft, S. 20.

[212] Vgl. dazu das Werk von BOCHENSKI, Formale Logik.

[213] Zum Grundlagenstreit vgl. STEGMÜLLER, Metaphysik, S. 222ff.

[214] Zitiert bei MESCHKOWSKI, Mengenlehre, S. 42.

[215] Zu den Antinomien vgl. MESCHKOWSKI, Mengenlehre, S. 38ff.

[216] Vgl. BOCHENSKI, Formale Logik, S. 342ff.

[217] Zitiert bei SEIFFERT, Wissenschaftstheorie I, S. 115.

b) Im Logizismus[218] setzte sich die Auffassung durch, Axiome werden bloß formal gesetzt. Hier wäre – neben der ganzen Setzungsproblematik – zumindest ein »Regelvertrauen« vorausgesetzt.
c) Der Konstruktionismus dagegen meint: »Wir können nur das verstehen, was wir selber herstellen können.«[219] Hier liegt Vertrauen in die »Konstruktionsfähigkeit« vor.
Nicht von ungefähr taucht deshalb in der logischen Grundlagendiskussion der alte Universalienstreit mit seinen Positionen (Platonismus[220] – es gibt Klassen, Mengen –, Konzeptionalismus und Nominalismus) wieder auf. »Eine ›Selbstgarantie‹ des menschlichen Denkens ist, auf welchem Gebiet auch immer, ausgeschlossen... Man muß bereits an etwas glauben, um etwas anderes rechtfertigen zu können.«[221]

4.4 »Vertrauenssätze» als letzte Ausgangssätze verschiedener Wissenschaftszweige

Wir wollen nun abschließend eine thetische Rückkopplung vornehmen und zeigen, daß Vertrauen als Ermöglichungsgrund der Vernunft gerade auch in verschiedenen nicht empirischen Einzelwissenschaften, die dem eben genannten hermeneutischen oder dialektischen Bereich zugehören, eine entscheidende Rolle spielt. Unsere gleichsam formgeschichtliche Untersuchung ergibt, daß der Form nach die folgenden Sätze Behauptungssätze, der Gattung nach »Evidenzaussagen« sind und ihren »Sitz im Leben« an der entscheidenden Stelle des jeweiligen Systems haben.
a) In der Auseinandersetzung mit dem »Positivismus« behauptet Habermas: »Ich vertraue auf die Kraft der Selbstreflexion.«[222]
b) Beim Aufbau einer Wissenschaftssprache behaupten Kamlah/Lorenzen: »In der Tat beginnen wir nun ›vertrauensvoll in-

---

218 Zu Hilbert, dem Hauptvertreter, vgl. Meschkowski, Mengenlehre, S. 54ff.
219 Lorenzen, Denken, S. 43.
220 Beispielsweise waren Russel (zur Zeit der Abfassung der Principia Mathematica), Whitehead und Scholz Platoniker.
221 Als Ergebnis der Grundlagendiskussion von Stegmüller behauptet (Metaphysik, S. 307).
222 Habermas, Gegen einen positivistisch halbierten Rationalismus, S. 236.

mitten‹, indem wir immer schon sprechen und weiterhin sprechen, nämlich unsere *Umgangssprache* gebrauchen. Unser skeptisches Mißtrauen richtet sich gegen die *Bildungssprache*«[223].

c) Und der Psychoanalytiker ERIKSON behauptet: »Das Ur-Vertrauen ist der Eckstein der gesunden Persönlichkeit«.[224]

Die Beispiele ließen sich beliebig erweitern. Es sollte hier nur kurz thetisch auf die Bedeutung von Vertrauen hingewiesen werden, wenn Vertrauen der Ermöglichungsgrund der Vernunft ist.

Wer also lebt, denkt, spricht, in Systemen sich bewegt, erkennt, solange er sich darin bewegt, praktisch den Vertrauensvorschuß an. Jedes Denken setzt Vertrauen in die Tragfähigkeit des Denksystems voraus. Jedenfalls solange man sich innerhalb des Systems bewegt. Steigt man aus, setzt dies Vertrauen in die Tragfähigkeit des Kritiksystems voraus. Vertrauen ist der Ermöglichungsgrund der Vernunft.

Wir sind in unserer Arbeit von der Aussagewahrheit ausgegangen. Wir zeigten, daß die Vernunft subjektiven und sozial-geschichtlichen Bedingungen unterliegt und letztlich in verschieden aufgezeigter Weise in Vertrauen wurzelt. Es ist nun geradezu verblüffend zu sehen, daß genau dies der hebräische Wahrheitsbegriff meint:

---

223 KAMLAH/LORENZEN, Propädeutik, S. 24.

224 ERIKSON, Identität und Lebenszyklus, S. 63.

5 Wahrheit als Vertrauen

5.1 Wahrheit als Vertrauen

Wahrheit als Vertrauen ist »*das, worauf man sich verlassen kann*«.[225] Schon sprachlich zeigt sich das am eigentlichen Wort für »Vertrauen«, nämlich אמונה, das wie Wahrheit אמת von der Wurzel אמן »fest sein, tragfähig sein« herkommt. Wenn wir uns daran erinnern, was beispielsweise POPPER vom Verlassen auf die tragfähige Basis unserer Erfahrungserkenntnis sagte, wird uns die Bedeutung von אמת erst voll bewußt. Genau dies ist hier gemeint, zu »vertrauen auf die Zuverlässigkeit des Erkannten«.[226] Wir sagten, ohne Vertrauen ist Erkenntnis nicht möglich. Wir zeigten, daß Naturgesetze nicht verifizierbar sind. Genau dies ist hebräisch gedacht: »Selbst die Wahrheit etwa des Satzes: ›So lange die Erde steht, wird nicht aufhören Saat und Ernte, Sommer und Winter, Tag und Nacht‹ enthält, israelitisch gesehen, eine starke Dosis Vertrauen. Denn hundertprozentig ist es nicht beweisbar, daß die Naturgesetze morgen noch genauso gelten wie heute.«[227]
Ist damit aber auch absolute Erkenntnis ausgeschlossen? »Absolut« ist ein Begriff, der im hebräischen Denken[228] nicht vor-

---

225 BULTMANN, aletheia, S. 243; vgl. zum Ganzen auch JEPSEN, A.: Art. »'āman«, in: Theologisches Wörterbuch zum Alten Testament, hrsg. v. BOTTERWECK, G. J./RINGGREN, H., Bd. I, Sp. 313ff, bes. S. 337, Stuttgart 1973; WILDBERGER, H.: Art. »'mn«, in: Theologisches Handwörterbuch zum Alten Testament, hrsg. v. JENNI, E./WESTERMANN, C., Bd. I, Sp. 177 ff, bes. Sp. 201ff, München 1971.

226 KOCH, Wahrheitsbegriff, S. 53.

227 KOCH, Wahrheitsbegriff, S. 53.

228 *Zum hebräischen Denken:* Hier bewegen wir uns – nicht nur systematisch – auf Neuland. Die vorhandenen Werke genügen unserer Fragestellung nicht. Zu BOMAN, Das hebräische Denken, vgl. unsere Bemerkung Anm. 237. Zum Ganzen: KOCH, Gibt es ein hebräisches Denken?, S. 258ff. Um unseren Ansatz zu entwikkeln, ziehen wir die übliche alttestamentliche Literatur heran, v. a. aber für den Wahrheitsbegriff: KOCH, Wahrheitsbegriff, S. 47ff. Das große Werk von PEDERSEN, Israel, ist nützlich, auch wenn wir seinen Seelenbegriff – zentral bei ihm – nicht akzeptieren; vgl. zu PEDERSENS Werk auch KOCH, Denken, S. 261ff.
Im jetzigen Teil werden wir nur den Wahrheitsbegriff entfalten, im Laufe der weiteren Darstellung auch den Wortbegriff, Erkenntnisbegriff. Unser systematischer

kommt, sondern in ein griechisch-platonisches Denkschema[229] paßt.

5.2 Wahrheit als Vertrauen umgreift die subjektive Existenzwahrheit

Hier bekommt Wahrheit die Bedeutung von »Wahrhaftigkeit«, die bestimmten Menschen eignet. So soll beispielsweise Mose nach Ex 18,21 »Männer der אמת« als Richter einsetzen. Aber auch hier gilt zu beachten, daß »Wahrhaftigkeit« nicht als absolute Eigenschaft verstanden wird, sondern geschichtlich sich zeigendes Vertrauen meint: Die Männer sollen sich ja bewähren, man muß

Ansatz geht nicht so sehr von der Spracheigenart als vielmehr von der Geschichtsdynamik des Handelns Jahwes aus. Grundsätzlich möchten wir hier jedoch in *6 Thesen auf besondere Merkmale hebräischer Sprache* aufmerksam machen.

a) Die Sprache geht von der Kollektivanschauung aus und vereinzelt dann erst; vgl. Boman, Denken, S. 56.

b) Die dynamische Wortvorstellung; šēm (Name) ist der tragende Hintergrund einer Erscheinung (Nomen est omen).

c) Statt erst spät dazugekommener Abstrakta (erkenntlich an ית - u. ות -) *räumliche* Wirkungsgröße der Begriffe.

d) Die Zeit wird als Qualität (vgl. Boman, Denken, S. 109) verstanden. קדם (Urzeit) kann auch in der Zukunft liegen.

e) Wichtig sind ferner die zeitlosen Tempora der Verben, wie überhaupt der Verbalsatz (dynamischer Vorgang!) eine große Rolle spielt; vgl. dazu Brockelmann, Syntax, S. 37ff.

f) Zu beachten ist auch die »schicksalwirkende Tatsphäre«: Eine Übeltat betrifft nicht nur das Objekt, sondern auch das Subjekt. Vgl. Hos 5,4f: Ihre Taten umstellten sie. Dazu v. Rad, Theologie II, S. 154.

229 *Zum platonischen Denkmodell*: Auch hier können wir uns nur auf einige Thesen beschränken, die vor allem den Unterschied zum hebräischen Denken aufzeigen sollen. Sie bilden die antithetische Folie unseres systematischen Ansatzes. Zur Interpretation ziehen wir v. a. Platos Phaidon sowie das Höhlengleichnis aus dem 7. Buch der Politeia heran. Grundsätzlich verweisen wir auf Natorp, Ideenlehre. Allerdings ist zu beachten, daß dieser Neukantianer ist.

a) Die Ideen sind das *wahre Sein* (ὄντως ὄν), das Un-veränderliche, Un-vergängliche, Un-sterbliche, immer Seiende.

b) Die sichtbaren Dinge sind nur *Abbilder* (εἴδωλα).

c) Sie *haben* an den Ideen, von denen sie grundsätzlich zu unterscheiden sind (χωρισμός), *teil* (μετέχειν).

d) *Erkenntnis* der Ideen ist möglich, da wir in einer früheren Existenz (Praeexistenz der Seele) diese Wesenheiten geschaut haben (Mittlerfunktion der Seele).

e) Die Erkenntnis *vollzieht* sich mittels Wiedererinnerung (ἀνάμνησις).

f) Diese grundsätzliche Dreiteilung können wir – schematisch – auf die gesamte

sich auch in der *Zukunft* auf sie verlassen können. Es wird also ein immer wieder überprüfbares Verhalten, mit dem sie übereinstimmen, vorausgesetzt.
Überhaupt ist ja grundsätzlich zu bemerken, daß beispielsweise der Dekalog keine abstrakte Wahrhaftigkeitsforderung enthält. Das 9. Gebot ist streng auf den sozialen Kontext, den Nächsten bezogen, den es zu schützen gilt.[230] Deshalb kann ein Zeuge der אמת beim Gerichtsverfahren auch zum »Lebensretter« werden (vgl. Prv. 14,25).
Es wäre nun kurzschlüssig, Richtigkeit und Logik auf das griechische Denken zurückzuführen und dem hebräischen gegenüberzustellen (wie BOMAN).[231] Wir wollen zeigen, daß Wahrheit als Vertrauen im Hebräischen beides umgreift, so wie Vernunft schlechthin von Vertrauen umgriffen wird.

5.3 Wahrheit als Vertrauen umgreift die Aussagewahrheit, Richtigkeit

Wie eben angedeutet, meint Wahrheit als Vertrauen nicht willkürlichen Subjektivismus, sondern ist eingebettet in soziales Verhalten. So geht es also auch immer um einen Sachverhalt, um Fakten, die eine »Aussage« beschreibt. Daher ist Wahrheit auch Richtigkeit, das heißt eine »Angelegenheit des Verstandes und der Vernunft«.[232] Dies zeigt besonders die hebräische Rechtssprache (vgl. Dtn 22,20): »wenn aber die Sache *rechtsgültiger Tatbestand*«[233] ist, eben auf אמת beruht.

---

platonische Philosophie übertragen. Der Dreiteilung Idee – Seele – Ding entspricht:
g) in der Erkenntnistheorie: νόησις – δόξα – αἴσθησις.
h) im Staat: φιλόσοφοι – φύλακες – ὄχλος.
i) in der Psychologie: λογιστικόν – θυμοειδές – ἐπιθυμητικόν.
k) Von hier aus werden die möglichen *Auswirkungen* der Übernahme dieses Denkmodells deutlich:
Die Seinsabwertung der vorfindlichen Welt.
Die Trennung von Leib – Seele.
Wahrheit sind die immer gleichbleibenden Strukturen des Seins.

230 Vgl. dazu ZIMMERLI, Grundriß, S. 121.
231 Zu BOMANS Buch vgl. unsere Anm. 237.
232 KOCH, Wahrheitsbegriff, S. 53.
233 Übersetzung nach QUELL, aletheia, S. 234.

Die Richtigkeit von Tatsachen oder Aussagen ist nun nicht absolut, sondern, durch den Zukunftscharakter hebräischen Denkens, *geschichtlich.* Sie müssen »Verhältnisse von längerer Dauer schaffen«.[234] Dies heißt aber, es müssen reproduzierbare Beobachtungen sein, sie dürfen eben nicht nur einmal gelten. Erst dann kann man sich auf sie verlassen.

Durch die grundsätzliche Zukunftsbezogenheit des hebräischen Denkens kann eine Aussage auch eine »Ansage« werden, »weil die Aussage sich gewiß durch den zukünftigen Gang der Dinge bestätigen wird«,[235] das heißt אמת sein wird. Wenn beispielsweise ein Prophetenwort (vgl. Jer 23,28) als אמת verkündet wird und nicht als »Traum«, dann zeigt es sich »als *Tatsache, die sich als solche durch Wirkung ausweist*«,[236] also an seinem Eintreffen.

5.4 Wahrheit als Vertrauen umgreift Logik

Wir zeigten bei der Behandlung der logischen Grundlage, daß ihr Gebrauch – trivial – Vertrauen voraussetzt. Es wäre nun verkehrt, aus dem Unterschied zwischen hebräischem Denken und platonischem Denken (vgl. Anm. 228) zu schließen, das hebräische Denken benützte keine Logik. Dies ist ein grobes Mißverständnis der Logik, wie es bei T. Boman[237] vorliegt. Wir sahen, daß kein Reden ohne Logik auskommt. Ihre etwaige ontologische Herkunft[238] sagt de iure nichts gegen den Gebrauch im hebräischen Denken aus. Daß die Hebräer keine Logik explizit entwickelt haben, liegt unserer Meinung nach daran, daß sie streng wirklichkeitsbezogen fast wie Empiriker denken. Logik ist aber ein formales Verfahren. Der Hebräer interessiert sich nicht für Kalküle.

---

234 Koch, Wahrheitsbegriff, S. 52.

235 Koch, Wahrheitsbegriff, S. 51.

236 Quell, aletheia, S. 234.

237 Bomans Buch »Das hebräische Denken« hat den Vorteil einer ersten Einführung in das, was uns unter »hebräischem Denken« vorschwebt. Sein Hauptmangel: Er geht mit dem Kantschen Schema analytisch-synthetisch sowohl an hebräisches wie platonisches Denken heran, teilt griechisches dem analytischen zu, hebräisches dem synthetischen. Beides wird dann wieder harmonisiert durch die naturwissenschaftliche Kategorie von N. Bohr, das Komplementäre, vgl. besonders S. 170ff u. S. 182.

238 Vgl. dazu unsere Bemerkungen in Teil 4.3 und Prantl, Über die Entwicklung der aristotelischen Logik aus der platonischen Philosophie.

Dennoch mußten sie sie praktisch anwenden. Das wird schon – über die grundsätzliche Selbstverständlichkeit hinaus – am Rechtsverfahren deutlich. Nicht umsonst haben wir vorhin unsere אמת-Beispiele auch aus diesem Raum gewonnen. Dies setzt aber eine deduktionslogische Überprüfung (Rechtsnorm – Tatbestandsaussage) voraus. Wir fühlen uns gleichsam wieder in die damalige POPPERsche Gerichtsverhandlung versetzt.

Wir werden dies kurz an einem Beispiel verdeutlichen: Wir können mit alttestamentlichen Gesetzesformen (z. B. Satzung, paränetisch erweiterte Satzung, Kultsatzung) aussagenlogisch operieren, also beispielsweise mit dem Konditionalzeichen arbeiten wie bei unseren Untersuchungen über das empiristische Sinnkriterium:

Satzung:

»Wenn jemand seinen Sklaven oder seine Sklavin mit dem Stocke schlägt, so daß sie ihm unter der Hand sterben, so soll er bestraft werden.« (Ex 21,20)[239]

Basissatz:

»Judas hat seinen Sklaven mit einem Stock geschlagen und dieser ist tot umgefallen.«

Folgerung »Prognose« (Urteil):

»Judas soll bestraft werden.«

Damit dürfte notwendig und hinreichend bewiesen sein, daß es im hebräischen Denken deduktionslogische Verfahren gibt.

Zugleich werden an unserem Basissatz nochmals – nun wirklich auf Leben und Tod – die Probleme der *Konvention* von Basissätzen im übertragenen Sinne deutlich. Sie setzen subjektive Entscheidung mit ihren ethischen Voraussetzungen, beispielsweise »Wahrhaftigkeit«, voraus. Deshalb kann ja auch ein Zeuge der אמת, wie wir oben sahen, »Lebensretter« werden. Damit werden wir gleichzeitig in einen neuen Aspekt von Wahrheit als Vertrauen hineingeführt.

---

239 Übersetzung nach WESTERMANN, Abriß, S. 56.

5.5 Wahrheit als Vertrauen umgreift den sozialen Aspekt, Gemeinschaft

»Wahrheit ist jede Tat, die Verläßliches schafft, auf das der Mitmensch vertrauen kann«.[240] Wahrheit als Tat – völlig ungriechisch[241] – ist somit auf die Gemeinschaft bezogen. Sie ist nicht abstrakt, sondern relational ausgerichtet. Sie ist daher mit »Gerechtigkeit« צדקה eng verbunden, interpretiert zuweilen auch diesen Begriff. Unsere obigen Beispiele verdeutlichen dies ja. Und gerade die Propheten fordern »ein *aufbauendes* Urteil, das freie Bahn für eine zukünftige Entwicklung zum Besseren innerhalb der Rechtsgemeinde schafft (Ez 18,8f; Sach 7,9).«[242]

5.6 Wahrheit als Vertrauen ist nicht absolut, sondern geschichtlich

Wahrheit als Vertrauen umfaßt demnach subjektive Wahrhaftigkeit, faktische Richtigkeit, umschließt Logik und ist zugleich zukunftsbezogen, d. h. geschichtlich. Damit sind im hebräischen Begriff אמת [243] genau die Erkenntnisbedingungen enthalten, die wir bei der kritischen Durchleuchtung der empirischen Vernunft aufspürten.

5.6.1 Der Geschichte wirkende Gott

Die Geschichtsbezogenheit liegt aber nicht nur an der Art des hebräischen Denkens, sondern gründet darin, daß die »wichtigste Wahrheit, die es zu erkennen gilt, die der Wege Gottes«[244] ist. Durch diese letzte Zuspitzung umschließt Wahrheit als Vertrauen

[240] Koch, Wahrheitsbegriff, S. 53.
[241] Vgl. den Exkurs in Anm. 229.
[242] Koch, Wahrheitsbegriff, S. 54.
[243] Auf einen möglichen grundsätzlichen Einwand wollen wir kurz eingehen: Es könnte uns vorgeworfen werden, daß in אמת gar nicht so viel drinsteckt, wie wir herausholen wollen. Dazu ist zu sagen: Wir holen aus אמת überhaupt nichts heraus; wir führen Designata an, als Objekte, Eigenschaften, Sachverhalte, denen wir אמת zusprechen. Allen diesen »Objekten« eignet »Vertrauen auf Festes, Verlässiges«. Dies nennen wir mit den Hebräern אמת .
[244] Koch, Wahrheitsbegriff, S. 55.

Geschichtlichkeit. Denn dieser Gott, Jahwe, ist keine abstrakte platonische Idee, sondern der geschichtlich wirksam Handelnde. Gottes Handeln ist selbst geschichtlich, er schafft Zukunft. Diese grundlegende Unterscheidung, etwa zu einer Gottesvorstellung, die auf platonischem Boden aufbaut oder auch allgemein menschlicher Vorstellung entspricht, zeigt sich schon an der sogenannten Namensnennung, dem Tetragramm, in Ex 3,14: »Ich werde sein, der ich sein werde«.[245] Dies ist keine ontische Wesensbestimmung, zu der sie durch die Septuaquinta-Übersetzung verplatonisiert wurde: ἐγώ εἰμι ὁ ὤν.

Sicher ist diese Abwehr einer Definition im Zusammenhang mit dem Bilderverbot zu sehen, eben die Achtung seiner Souveränität,[246] Unverfügbarkeit, die sich auch nicht in einen »Begriff hängen« läßt. Vor allem geht es aber darum, die Offenheit von Jahwes Handeln in der Geschichte zu zeigen: » »›Sein‹ meint im Alten Testament kein absolutes ›für sich sein‹, sondern gerade ›gegenwärtig sein‹, ›wirksam sein‹ oder gar ›sich als Helfer erweisen‹«.[247]

5.6.2 Jahwe, Carnap und Melanchthon

Wenn von Jahwe geredet wird, wird – um an Carnap zu erinnern – gleichsam mit »Zuordnungsregeln« von seinem geschichtlichen Handeln berichtet: »Ich bin Jahwe, dein Gott, der ich dich aus Ägypten, aus dem Sklavenhaus herausgeführt habe.«[248] *Gott »definiert« sich durch seine Geschichtstaten.* Gerade hier liegt das völlig Unplatonische, das Dynamische, die Offenheit für zukünftiges Handeln. Hier ist Wahrheit Vertrauen auf den, der in der Geschichte gehandelt hat und sich weiter wirksam erweisen wird.

Wir könnten also »Jahwe« als theoretischen Term einführen – Carnap würde dies sicher mit Widerwillen lesen. Dieser Term wird dann partiell gedeutet durch Zuordnungsregeln, das heißt hier Jahwes geschichtliche Taten. Es bleibt also – wie bei den Zuordnungsregeln – die Offenheit. Vollständig könnten wir Gott

---

245 Vgl. dazu Kraus, Wahrheit, S. 38ff.

246 Vgl. v. Rad, Theologie I, S. 231.

247 Schmidt, Alttestamentlicher Glaube, S. 60.

248 Eigene Übersetzung.

nur von der Gesamtheit seiner Taten, das heißt aber vom Ende der Geschichte her deuten. Diese Analogie ist legitim: Bezeichnenderweise redet auch CARNAP von einem Ende[249] (nämlich des wissenschaftlichen Fortschritts), wenn alle theoretischen Terme durch alle notwendigen und hinreichenden Zuordnungsregeln vollständig gedeutet sind.

Gott erkennen heißt demnach, seine Heilstaten erkennen. Oder wie MELANCHTHON in seiner Vorrede zu den Loci von 1521 formulierte (in bezug auf Christus): »Hoc est Christum cognoscere beneficia eius cognoscere«.[250]

5.7 Glauben heißt Vertrauen

Wahrheit als Vertrauen gipfelt im Verlassen auf Jahwe. »Glauben« hat dieselbe Wurzel wie Wahrheit, nämlich אמן. Glauben heißt, »sich fest machen in Jahwe«.[251] Dieses Vertrauen ist keine statische absolute Sicherheit, sondern muß dynamisch den Weg Jahwes mitgehen. Dabei werden immer alte Vorstellungen, Bilder, Fixierungen weggerissen. Vertrauen ist dynamisch, muß sich immer neu bewähren.

Dies beginnt schon in Gen 12,1 mit Abram – für Paulus ja das Vorbild des Glaubens, vgl. Röm 4,1ff –, der alte Bindungen aufgeben mußte, und zieht sich hinein in die neutestamentlichen Nachfolgesprüche Jesu, wo selbst die Pietät nicht hindern darf (vgl. Mt 8,21).

Dieses Vertrauen hat ein personales Moment: Es ist offen für einen Dialog, für ein Gespräch mit einem Du. Diese Dialogmöglichkeit meinen wir hier mit »Person«.[252] Die Sicherheit gibt es daher auch nicht für eine Gottesvorstellung, für ein Denken über Gott. Deshalb reden wir auch von Vertrauen, das sich immer neu bewähren muß.

Ein Gottesbild ist Israel »nur auf Zeit gegeben«; es wird »durch rätselvolle Erschütterungen aus der Tiefe der Geschichte heraus

[249] Vgl. CARNAP, Philosophie der Naturwissenschaft, S. 238.
[250] Stud. Ausgabe 1952 II, 1.7.
[251] v. RAD, Theologie I, S. 185.
[252] Vgl. dazu THIELICKE, Der Evangelische Glaube II, S. 123ff.

immer wieder zerbrochen ... Aber in diesem fast regelmäßigen Scheitern« (POPPER!) seiner »Gedanken über Gott« begegnet ihm »Er, der Herr der Geschichte selbst, in bestürzender Personhaftigkeit«.[253]

Wenn Wahrheit Vertrauen heißt, Vertrauen Vernunft umschließt und letztlich in Gott seinen tragfähigen Grund findet, dann zielt das sogenannte Liebesgebot aus Dtn 6,5 in die *Mitte unseres Denkens:* »Du sollst Jahwe, deinen Gott, lieben mit der ganzen lēb«.[254]

Das hebräische lēb – oft mit »Herz« übersetzt – heißt eigentlich Vernunft.[255] *Dies bedeutet dann nicht mehr und nicht weniger als: Gott ist der entscheidende Grund unseres Denkens.* Zugleich wird in diesem Gebot deutlich, daß die »Liebe« eine Affinität zur Vernunft besitzt. So werden dann auch beispielsweise bei Hosea (4,1) Wahrheit, Liebe und Erkenntnis Gottes zusammengestellt.[256] Vielleicht hat dies der analytische Wissenschaftstheoretiker STEGMÜLLER geahnt, wenn er zu formulieren wagte: »Denken, Lieben und Beten haben also *etwas* gemeinsam«,[257] nämlich – so können wir jetzt formulieren – den Ermöglichungsgrund der Wahrheit als Vertrauen.

Gott zielt also gerade ins Zentrum unseres »Herzens« (= Vernunft), trifft den Ermöglichungsgrund der Vernunft, das Vertrauen.

5.8 Wahrheit als Person

Diese alttestamentliche Überlegung entspricht der neutestamentlichen christologischen Zuspitzung, wie wir sie bei Johannes sehen. In den typisch johanneischen »Ich-bin-Worten« redet Jesus nach Joh 14,6 davon: »Ich bin der Weg, die *Wahrheit,* und das Le-

---

[253] v.RAD, Kritische Vorarbeiten zu einer Theologie des Alten Testaments, in: L. HENNIG (Hrsg.), Theologie und Liturgie, S. 30.

[254] Eigene Übersetzung.

[255] Vgl. KOCH, Buch der Bücher, S. 67; auch WOLFF, Anthropologie, S. 68ff »lēb (āb) – Der vernünftige Mensch«. Zugleich wird hier der Übergang von Vernunft und Wille deutlich. Beides läßt sich nicht trennen. Vgl. schon unseren Teil 3.2.2.3.3.

[256] Vgl. dazu ZIMMERLI, Grundriß, S. 164.

[257] STEGMÜLLER, Metaphysik, S. 456.

ben.« Für Israeliten wie Hellenisten sind »Ich bin«-Worte Formelaussagen für Offenbarung.[258] Dies heißt hier: »Die Wahrheit, die zuverlässige und eigentliche Wirklichkeit, ist Gott selbst.«[259] Und dadurch wird die Zuspitzung noch deutlicher: Diese personale Wahrheit schwebt nicht in einer platonischen Ideenwelt, sondern begegnet als konkreter Mensch Jesus in unserer geschichtlichen Wirklichkeit.
So bürgt also gerade – systematisch gesprochen – die Christologie für die Geschichtlichkeit des biblischen »Gottesbegriffes«.

---

[258] Vgl. dazu E. SCHWEIZER, Ego eimi, S. 127ff.
[259] GOPPELT, Wahrheit, S. 93.

6 Die Einheit der Wahrheit in »Wahrheit als Vertrauen«

Vertrauen ist der Ermöglichungsgrund der Vernunft. In »Wahrheit als Vertrauen« gewinnt Wahrheit ihre Einheit. »Wahrheit als Vertrauen« umfängt also Richtigkeit, ist *ganze* Wahrheit.
Damit weist der hebräische Wahrheitsbegriff schon von seinem Ansatz her Kritik gegen einen angeblich doppelten Wahrheitsbegriff[260] in der Theologie von vornherein ab. Eher entlarvt er diese Kritik – z. B. Hans Alberts[261] – als zu kurz geschlossen, da sie ihren eigenen Ermöglichungsgrund »Vertrauen« nicht reflektiert.
Allerdings ist uns auch die Flucht in einen besonderen theologischen Wahrheitsbegriff als »verschanzter Dogmatismus« verbaut. Es gehört fast zum theologischen Allgemeingut, die existentielle Besonderheit theologischer Aussagen zu behaupten, gleichsam als subjektive Existenzwahrheiten.
Beispielsweise vertritt Gollwitzer[262] in seiner Auseinandersetzung mit Weischedel die These, daß die biblische Wahrheit nicht richtige Sätze (Aussagewahrheit) meine, sondern auf das Sein und Verhalten von Personen ziele. Ähnlich argumentiert Heinrich Vogel.[263] Aber was heißt dies präzise? Unserer Meinung nach basieren diese Positionen auf einem Mißverständnis oder einer unklaren Überlegung. Diese Theologen wollen doch nicht im Ernst bestreiten, daß ihre eigenen oder die biblischen Aussagen »richtig« wären. Sie wollen vielmehr betonen, daß diese Aussagen existentiell nachvollzogen werden müssen. Aus dem Anredecharak-

260 »Die Lehre von der *doppelten* W. besagt, daß derselbe Satz in der Theologie wahr, in der Philosophie aber falsch sein könne.« (Gawlick, Wahrheit, Sp. 1520f.) Sie wurde im Mittelalter besonders von den Averroisten vertreten. Nach Windelband, Lehrbuch, S. 275, läßt sich die Urheberschaft dieser Formel nicht genau feststellen; nach Gawlick, Wahrheit, Sp. 1521, wurde sie erstmals von dem Pariser Bischof Stephan Tempier 1277 formuliert und den *Averroisten* beigelegt.
261 Vgl. Albert, Traktat, S. 104ff. Die »Idee der doppelten Wahrheit« dient nach ihm der Theologie dazu, »gewisse tradierte Anschauungen gegen bestimmte Arten der Kritik abzuschirmen« (S. 105).
262 Vgl. Gollwitzer/Weischedel, Denken und Glauben, S. 49.
263 Vgl. Vogel, Wann ist ein theologischer Satz wahr?, S. 184ff.

ter des Wortes Gottes ergibt sich existentielle Betroffenheit, keine neutrale Distanz.
Dies *schließt aber ein,*[264] daß solche Sätze »richtig« sind. Theologische Aussagen sollen ja nicht nur subjektive *Empfindungen* ausdrücken. Existenzwahrheiten schließen die Richtigkeit ein.
Wir verdeutlichen dies an einem einfachen Beispiel:[265]
Wenn ich einem Menschen gestehe: »Ich liebe dich«, dann meine ich keine neutrale Aussage. Diese Liebe kann das Verhalten des Partners verändern, der ausgesprochene Satz »geht ihn an«. Zugleich meine ich aber, daß dieser Sachverhalt »Liebe« doch tatsächlich zutrifft, daß er »stimmt«. Auch der Partner verläßt sich darauf, daß dies so *ist.* Wenn dies nicht als richtig vorausgesetzt, besser *mitgesetzt* würde, dann entstünde doch Mißtrauen. Das Vertrauen auf die Aussage »ich liebe dich« schließt also die Richtigkeit dieser Aussage ein. Dieses Vertrauen ist *umfassender.* Würde der Partner nicht die Richtigkeit als mitgesetzt, mit eingeschlossen, voraussetzen, sondern erst einen Nachweis verlangen, dann zerstört er Vertrauen.
Deshalb – ganz hebräisch – ist das Gegenteil von Wahrheit als Vertrauen: Enttäuschung.[266] Dies heißt aber in unserem Zusammenhang: Wir hatten uns nur auf eine *scheinbar* richtige Aussage verlassen.
Hinter den vorhin angedeuteten theologischen Positionen steckt natürlich die ganze verhängnisvolle Last der vom griechischen Denken[267] her verständlichen, durch DESCARTES' Unterscheidung von res cogitans und res extensa verschärften Subjekt-Objekt-Spaltung. Wir zeigten in unserem Teil über die empirische Vernunft, daß diese Spaltung sich so nicht halten läßt.

---

264 Vgl. dazu die wertvollen Überlegungen von W. JOEST, Theologische Aussagen, S. 1339ff. JOEST ist der einzige, den wir kennen, dem ein ähnlicher Ansatz wie der unsrige vorschwebt, obwohl er nicht vom hebräischen Denken ausgeht.
265 Das Beispiel der »Liebe« bringt KAMLAH, Wissenschaft, Wahrheit, Existenz, S. 58ff.
266 Vgl. KOCH, Wahrheitsbegriff, S. 52.
267 Vgl. dazu E. SCHRÖDINGER, Die Natur und die Griechen, S. 119: »Ohne es zu beabsichtigen ..., vereinfacht sich der Naturforscher das Problem ... dadurch, daß er in dem angestrebten Weltbild seine eigene Person, das erkennende Subjekt, unbeachtet läßt oder daraus entfernt. Fast ohne es zu merken, tritt der Denker zurück in die Rolle eines außenstehenden Beobachters.«

Gleichzeitig verwalten diese Positionen das Erbe der KIERKEGAARD–BARTHschen dialektischen Theologie, stehen im Banne des Kerygmas. Schon in seiner Auseinandersetzung mit HEINRICH SCHOLZ hatte BARTH[268] es abgelehnt, die Logik auf die Theologie anzuwenden.

Wir behaupten dagegen demnach: Die fides qua läßt sich nicht von der fides quae trennen. Der Akt des Vertrauens (fides!) umschließt immer zugleich Fakten, genauer: Aussagen über Fakten. Wenn die Reformatoren die fides historica ablehnen, weisen sie doch nicht die historica zurück, sondern wollen sagen, daß *aus* den historica – ohne fides qua – kein Glauben zu gewinnen ist. Die Fakten bleiben eine *frigida* opinio.[269]

Vertrauen läßt sich also nicht auf ein bloßes »Daß«[270] zurückführen, sondern umschließt mit diesem »Daß« zugleich das »Was«.[271] Gerade hier liegt die erkenntnistheoretische Bedeutung von Wahrheit als Vertrauen beispielsweise für die Frage nach dem historischen Jesus.

Gleichzeitig werden unsere Überlegungen aber noch verschärft: Auch die Fakten und Aussagen über die Fakten garantieren kein objektiv absolutes Wissen. Dies war doch das Ergebnis unserer Basisbetrachtungen: Das »Basiswissen« wird vom Vertrauensgrund umfangen. Ja erst von ihrem Ermöglichungsgrund her wird voll verständlich, daß auch Richtigkeit nie absolut sein kann. Von hier aus wird dann aber ebenso das Korrelat zu der im Gefolge DESCARTES vollzogenen subjektivistischen Engführung als inad-

---

268 Vgl. BARTH, Kirchliche Dogmatik I/1, S. 7.

269 Vgl. dazu WEBER, Grundlagen II, S. 313ff.

270 Vgl. BULTMANNS Reden von *Daß* des Gekommenseins Jesu: »Es bedeutet vielmehr, daß *Jesu Gekommensein selbst das entscheidende Ereignis* war...« (Theologie, S. 45.) Da BULTMANN »die alttestamentliche Geschichte als eine Geschichte des Scheiterns« ansieht (Weissagung und Erfüllung, S. 186), kann er auch gar nicht Motive hebräischen Denkens in den Blick bekommen. Er wäre deshalb dem oben (vgl. Anm. 229) genannten platonischen Denkschema zuzuordnen. Typisch für seine ungeschichtliche Betrachtungsweise ist sein Kommentar zu Paulus' Übernahme historischer Traditionen (z. B. 1Kor 15,3ff): »inkonsequent gegenüber seiner grundsätzlichen Erkenntnis« (Theologie, S. 480). Es ist doch zu fragen, wer hier eigentlich inkonsequent ist.

271 Vgl. dazu den Protest KÄSEMANNS, daß man »Ostern nicht *adäquat* zu begreifen vermag, wenn man vom irdischen Jesus absieht.« (Das Problem des historischen Jesus, S. 196.)

äquat entlarvt: Beispielsweise hält sich BULTMANN an ein als absolut gültig »gegeben« (!) hingenommenes naturwissenschaftliches Weltbild des vorigen Jahrhunderts.[272] *Der* (!) Naturwissenschaftler ist ja für ihn ein »ausgestopfter Haeckelianer«.[273]
Wir sehen: Sowohl unsere kritischen Überlegungen am Modellfall der empirischen Vernunft als auch unsere Konsequenzen aus dem hebräischen Wahrheitsbegriff enthüllen solche Trennungen als inadäquat. Also: Wahrheit als Vertrauen bedeutet zugleich die Einheit der Wahrheit. Diese ist nicht absolut feststehend, statisch – an jedem ihrer Teilschritte! –, sondern dynamisch, geschichtlich offenes Vertrauen.

---

[272] Vgl. zu BULTMANNS (vgl. Kerygma und Mythos, II, S. 181, 1965²) These, daß »Welt und Weltgeschehen... geschlossen nämlich gegen den Eingriff unweltlicher Mächte« sind, zwei Aussagen P. JORDANS: »Offenbar ist diese Behauptung ganz schlicht falsch, wenn wir mit dem ›wissenschaftlichen Denken‹ das naturwissenschaftliche Denken des XX. Jahrhunderts meinen.« (Schöpfung und Geheimnis, S. 157.) »So liegt etwa den gesamten Bestrebungen BULTMANNS die unabänderliche Überzeugung zugrunde, die Naturwissenschaft von heute sei noch immer stehengeblieben, wo sie vor hundert Jahren stand, und die naturwissenschaftlichen Irrtümer des vorigen Jahrhunderts müßten heute noch von der Theologie mit tiefem Respekt als unumstößliche, der Theologie übergeordnete Wahrheit anerkannt werden.« (Schöpfung und Geheimnis, S. 147.)
[273] JORDAN, Der Naturwissenschaftler, S. 158.

7 Vertrauen – der neue Anknüpfungspunkt

Wenn die Einheit der Wahrheit in »Wahrheit als Vertrauen« liegt, Vertrauen der Ermöglichungsgrund der Vernunft ist, dann haben wir einen neuen theologischen Anknüpfungspunkt gefunden: *Vertrauen*.
Durch unseren Ansatz werden alle ontologisch[274] präfigurierten entwertet. Sie sind von der Struktur des hebräischen Denkens her gar nicht möglich, von der empirischen Vernunft her nicht nötig. Das Gemeinsame mit der Vernunft ist also das vor-rationale Vertrauen, der Ermöglichungsgrund der Vernunft.
Vertrauen ist ein relationales Verhalten: Es umschließt Personen wie Sachen. Hier im Vertrauen haben wir selbst die Subjekt-Objekt-Spaltung »aufgehoben«. Hier wurzelt die Einheit von Subjekt und Objekt, die Einheit von Person und Struktur.[275]
Wenn nun Vertrauen der Ermöglichungsgrund der Vernunft ist, Vertrauen im Hebräischen mit Glauben – wie wir sahen – identifiziert wird, dann beginnt Glauben nicht dort, wo Denken aufhört, sondern beginnt, bevor Denken überhaupt anfangen kann.
Wenn Vernunft von Vertrauen ermöglicht wird, Vertrauen aber – vgl. 5.8 – eine letzte Zuspitzung in Wahrheit als Person erhält, dann führt dies zu radikalen Konsequenzen:

---

274 Dies gilt beispielsweise für TILLICHS (vgl. bes. Systematische Theologie I, S. 193ff) und BULTMANNS (vgl. Teil 4.1) Konzeption. BARTH, der bekanntlich einen Anknüpfungspunkt in seiner Auseinandersetzung mit BRUNNER ablehnte (vgl. »Nein«, 1934), verschiebt den geschichtlich wirkenden Gott an einen tangentialen Berührungspunkt von Zeit und Ewigkeit, im Grunde in ein christomonistisch ungeschichtliches *Urdekret* (vgl. bes. Band II/2 der Kirchlichen Dogmatik. Dazu auch die wertvollen Überlegungen von GLOEGE, Prädestinationslehre, S. 77ff). Trotz aller Unterschiede der verschiedenen genannten Positionen, auf die wir hier nicht eingehen können, gehören sie *alle* in das platonisch-ungeschichtliche Denkschema, vgl. Anm. 229.

275 Diese werden wir im weiteren Verlauf unseres Ansatzes entfalten, vgl. bes. Teil 10.

8 Vertrauen und Rechtfertigung

8.1 Die Falsifikation der Existenz

Wir zeigten an unserem Modellfall der empirischen Vernunft, daß absolute Erkenntnis nicht möglich ist. Deshalb forderte ja beispielsweise POPPER, unsere Theorien ständig zu überprüfen. Diese Überprüfung hängt aber letztlich von subjektiven Entscheidungen ab. POPPER rechtfertigte sein Vorgehen mit der praktischen Vernunft im Sinne KANTS, der Autonomie des Menschen.
Wenn die Bedingungen des Überprüfens von Subjekten abhängen, dann sind diese selbst durch den Akt des Überprüfens dem Überprüfungsprozeß immanent. Was passiert nun aber, wenn der »autos«, das Subjekt, das die Entscheidungen fällt, selbst zum Problem wird, in Frage gestellt wird? Gerade die vorige Zuspitzung der umgreifenden »Wahrheit als Vertrauen« zur »Wahrheit als Person« zwingt zu dieser Fragestellung.
Wenn die Vernunft existenzgebunden ist, vom Vertrauensgrund ermöglicht wird, Vertrauenswahrheit letztlich als Wahrheit in Person verstanden wird, dann stehen sich die existenzgebundene Vernunft und Wahrheit als Person gegenüber. Folglich kommt es zur Überprüfung an dieser Wahrheit und damit zur möglichen Falsifikation der Existenz. So spitzt sich die Adäquationstheorie der Wahrheit zu in der Forderung nach Übereinstimmung von Wahrheit als Person und existenzgebundener Vernunft: *Dies ist die erkenntnistheoretische Bedeutung des Wirkens Jesu.* An diesem Punkt konvergieren Ethik und Erkenntnistheorie.
In seinem Reden und Handeln[276] zeigt Jesus den radikalen Willen Gottes auf. Seine Forderungen der Bergpredigt[277] (vgl. Mt 5,17–48) sind Sätze, die keinen Ausweg zulassen: »Liebet eure Feinde und betet für eure Verfolger.«[278] Hier wird die menschli-

---

276 Vgl. dazu SCHNIEWIND, Matthäus, S. 37 u. 106.
277 Vgl. dazu grundsätzlich als exegetische Basis unserer eigenen Theorie GOPPELT, Das Problem der Bergpredigt, S. 27ff.
278 Übersetzung nach SCHNIEWIND, Matthäus, S. 70.

che Existenz in Frage gestellt: »So sollten wir eigentlich sein...«[279] Die Sätze »behaften... den einzelnen, und zwar jeden.«[280] »Übertragen« wir die zweiwertige aristotelische Logik in unsere Fragestellung, dann ist das tertium non datur ausgeschlossen. Es gilt nur ganz wahr oder ganz falsch. In diesem Sinne ist die Frage nach der Übereinstimmung immer eine Ganzheitsforderung. Schon im Hebräischen bedeutet das Wort für »fromm« תם, ganz.[281] Erinnern wir uns an das Liebesgebot von Dtn 6,5, so wird diese Überlegung bestätigt. Jesu Formulierung des Gotteswillens in den Forderungen der Bergpredigt ist so messerscharf für die Existenz, wie TARSKIS Formulierung der Adäquationstheorie für die Logik.

Doch so ungern wir »liebgewonnene Theorien« falsifizieren lassen, so ungern lassen wir uns selbst in Frage stellen. Wir inszenieren eine Immunisierungsstrategie.[282]

8.2 *Die existentielle Immunisierungsstrategie*

8.2.1 *Die existentiellen Abwehrmechanismen*[283]

Die Immunisierung kann so erfolgen, daß die menschliche Existenz in scheinbar wissenschaftlichen Totalitäts- oder Aprioritätstheorien *aufgehoben* (im HEGELschen Sinn) wird. Diese Theorien sind nicht durch einen Überprüfungsprozeß falsifizierbar. Folglich auch nicht die Existenz selbst.

Wir wollen als *symptomatische* Fälle kurz vier Beispiele nennen:

8.2.1.1 Der Abwehrmechanismus »Anlage«

Gerade die These von der Existenzgebundenheit der Vernunft könnte dazu verführen, die Verantwortlichkeit der Existenz zu

---

279 GOPPELT, Das Problem der Bergpredigt, S. 27.

280 GOPPELT, Das Problem der Bergpredigt, S. 37.

281 Vgl. GESENIUS, Wörterbuch, S. 880; dazu v. RAD, Theologie I, S. 357.

282 Diesen Ausdruck verwendet des öfteren H. ALBERT, vgl. Traktat, S. 108. Er wendet ihn auf Theorien – besonders theologische – an; da der Ausdruck existentieller Sprache entstammt, drehen wir den Spieß um: ad hominem.

283 Wir übernehmen diesen psychoanalytischen Ausdruck, weil er genau das trifft, was wir meinen: »... das Sträuben des Ichs gegen peinliche oder unerträgliche Vorstellungen« (ANNA FREUD, Abwehrmechanismen, S. 34f).

annullieren: Die Verantwortlichkeit des Menschen wird von seiner naturalistisch-biologisch verstandenen Konstitutionsgrundlage aufgesogen. Die menschliche Existenz wäre triebhaft vorprogrammiert.[284] Freiheit bestünde höchstens in einer Variation zum Thema Triebhaftigkeit.[285] Diese These entzieht sich schon wissenschaftstheoretischer Falsifikationsmöglichkeit, da sie eine statisch essentialistische, vorgängige Definition des menschlichen Wesens impliziert.

8.2.1.2 Der Abwehrmechanismus »Umwelt«

Die Gegenthese, aber sich ebenso dogmatisch essentialistisch verstehend, wäre: Die Verantwortlichkeit des Menschen wird von seinen sozial-strukturellen Bedingungen aufgesogen. Das Wesen des Menschen ist »... das ensemble der gesellschaftlichen Verhältnisse«.[286] Anstelle der essentialistisch verstandenen Anlage tritt der essentialistisch verstandene Moloch »Gesellschaft«. In ihrem Totalitätsanspruch entzieht sich diese These schon der wissenschaftstheoretischen Falsifikationsmöglichkeit. Damit stellt sich auch nicht die Existenz in Frage.
Wir weisen ausdrücklich in diesem Zusammenhang darauf hin, daß beispielsweise Popper Psychoanalyse und Marxismus aus den Gründen fehlender Falsifikationsmöglichkeit als unwissenschaftlich ausscheidet.[287]

---

[284] Neben psychoanalytischen Theorien vergleiche besonders das Werk des Lorenz-Schülers Eibl-Eibesfeldt: Der *vorprogrammierte* Mensch. Das *Ererbte* als bestimmender Faktor im menschlichen Verhalten, Wien 1973 (Hervorhebungen von uns).

[285] Vgl. die zugespitzte Kritik Heuschers an einem amerikanischen psychoanalytischen Werk über Goethe: »Auf den 1538 Seiten porträtiert uns der Autor ein Genie mit den Kennzeichen manisch-depressiver, paranoider und epileptoider Störung, Homosexualität, Inzest, Voyeurismus, Exhibitionismus, Fetischismus, Impotenz, Narzißmus, Zwangsneurose, Hysterie, Größenwahn und so weiter. Der Autor scheint sich fast ausschließlich auf die dem Kunstwerk zugrunde liegende Triebdynamik zu beschränken. Er will uns glauben machen, Goethes Werk sei nichts anderes als das Resultat prägenitaler Fixierungen. Sein Kampf gelte nicht etwa einem Ideal, der Schönheit, irgendwelchen Werten, sondern in Wirklichkeit der Überwindung vorzeitigen Samenergusses.« (Zitiert bei Frankl, Pluralismus, S. 375.)

[286] Marx, Thesen über Feuerbach, S. 6.

[287] Vgl. Popper, bes. Objektive Erkenntnis, S. 50 A5; Historizismus, S. 41ff.

Und gerade in der Kriminologie,[288] wo es doch um Überprüfung menschlichen Verhaltens geht, variieren die Konzeptionen alternativ oder kumulativ zwischen diesen beiden Möglichkeiten »Anlage« – »Umwelt«.

8.2.1.3 Der Abwehrmechanismus »partielle Verantwortlichkeit«

Ein dritter Abwehrmechanismus in unserem existentiellen Überprüfungsprozeß wäre die grundsätzliche Aufspaltung der menschlichen Existenz in einen verantwortlichen und nicht zu verantwortenden Bereich. Diese Konzeption liegt ja in KANTS Ethik vor:[289] Für die Anlagen[290] ist der Mensch nicht zur Rechenschaft zu ziehen: »So dürfen wir ihr Dasein nicht verantworten... wir können es auch nicht; weil sie als anerschaffen uns nicht zu Urhebern haben.«[291] Nur in der höheren Schicht – gleichsam dem platonischen logistikon-Teil der Psyche[292] – hat der Mensch Freiheit und kann beansprucht werden.[293] Du kannst, denn du sollst.[294]

8.2.1.4 Der Abwehrmechanismus »absolute Autonomie«

Beispielsweise bei POPPER finden wir zwei gestaffelte Abwehrmechanismen:
Den ersten lernten wir schon kennen: Die scheinbare Ausklammerung der Existenzgebundenheit der Vernunft, des Subjektes,

288 Vgl. dazu LANGE, Das Rätsel Kriminalität, S. 284ff.
289 Vgl. dazu THIELICKE, Ethik I, 530ff.
290 KANT, Religion, S. 675: »Unter Anlagen eines Wesens verstehen wir sowohl die Bestandstücke, die dazu erforderlich sind, als auch die Formen ihrer Verbindung, um ein solches Wesen zu sein.«
291 KANT, Religion, S. 683.
292 Vgl. Anm. 229.
293 »Freiheit und unbedingtes praktisches Gesetz weisen also wechselseitig auf einander zurück« (KANT, Kritik der praktischen Vernunft, S. 139). Das Verhältnis von praktischer und theoretischer Vernunft beschreibt KANT selbst so: »...nämlich, *einerseits,* im theoretischen Erkenntnis geleugnete und im praktischen behauptete objektive Realität der auf Noumenen angewandten Kategorien, *andererseits* die Foderung, sich als Subjekt der Freiheit zum Noumen, zugleich aber auch in Absicht auf die Natur zum Phaenomen in seinem eigenen empirischen Bewußtsein zu machen«. (Kritik der praktischen Vernunft, S. 111.)
294 Vgl. beispielsweise: »Wir *sollen* bessere Menschen werden... folglich müssen wir es auch *können*« (KANT, Religion, S. 695).

aus dem wissenschaftlichen Überprüfungszusammenhang. Dies mißlang, wie wir zeigten.

Dahinter verbirgt sich aber für unsere jetzige Fragestellung nach der Falsifikation der Existenz ein zweiter Abwehrmechanismus: Die These von der absoluten Autonomie des Menschen.

Gerade die theoretische Unsicherheit der Vernunft, die Relativierung der Objektivität, kann ihr Korrelat in der absoluten Autonomie haben. Hier könnten wir Sicherheit finden: »Nur in unseren subjektiven Überzeugungserlebnissen, in unserem Glauben können wir ›absolut sicher‹ sein.«[295]

Erfrischend im Gegensatz zu den oben behandelten Fällen behauptet POPPER die totale Verantwortlichkeit des Menschen. Schon die damalige Konvention der Basissätze legitimierte er durch subjektive Entscheidung. Wir zeigten, daß dahinter KANTS Autonomiegedanke[296] steckt. Ähnlich KANT vertritt POPPER einen ethischen Apriorismus, wie er sich eben in seiner »offenen Gesellschaft« niederschlägt. Dies heißt bei ihm aber eine *totale* Freiheit. Diese kann nicht mehr rational begründet werden, ist völlig der Irrationalität anheimgestellt, frei von der äußeren Kausalität (KANT!). Diese Freiheit ist nur *formal,* keinem Sittengesetz, keinem Naturrecht, keiner Instanz verpflichtet, eben absolute, ungeschichtliche Autonomie.[297] Der formale Akt der Entscheidung ist das eigentlich Absolute der Moral. Die Inhalte, Ziele, Zwecke, die mit dieser Entscheidung gesetzt werden, können höchstens rational nachkonstruiert werden.[298] Daher ergibt sich die rationale Aufgabe, Technologien, eben möglichst rationale Zweck-Mittel-Relationen zu entwickeln. POPPERS Ethik ist also analog seiner Wissenschaftstheorie aufgebaut: Auch dort werden Inhalte gesetzt, dann formal deduktionslogisch überprüft. Der KANTsche Rest (Gewissen) ist bei ihm das Korrektiv zur Willkür, nämlich das

---

[295] POPPER, Logik der Forschung, S. 225.

[296] Vgl. POPPER, bes. Offene Gesellschaft I, S. 19.

[297] POPPER, Offene Gesellschaft I, S. 111: »... weder Gott noch die Natur, noch die Gesellschaft, noch auch die Geschichte« kann uns die Verantwortung für unsere ethischen Entscheidungen abnehmen. Man beachte aber – im Vergleich etwa zu ALBERT – POPPERS Äußerung, ebenda, S. 102: »Wer jedoch die christliche Ethik aus der Überzeugung annimmt, daß er in dieser Weise richtig gewählt hat, und nicht, weil es so befohlen wurde, der hat die Entscheidung selbst getroffen.«

[298] Vgl. dazu POPPER, Offene Gesellschaft II, Kap. 14.

Faktum eines im Menschen wurzelnden »Gefühls für Verantwortlichkeit«.[299] Daraus – und aus dem hypothetischen Charakter unseres Wissens – ergibt sich dann die Forderung der Toleranz.[300] Das Gefühl der Verantwortlichkeit könnte zumindest eine Ahnung für den umgreifenden Vertrauensgrund der Existenz sein. Ähnlich wie der *kritische* Rationalismus – was viel zu wenig beachtet wird – sich ja gerade von einem Panrationalismus[301] dadurch unterscheidet, daß er seinen eigenen irrationalen Grund zugibt. Er erkennt den Umstand an, »daß die rationalistische Einstellung auf einem *irrationalen Entschluß* oder auf dem *Glauben an die Vernunft* beruht.«[302]

Doch der radikalen Infragestellung entzieht er sich durch die diesmal *absolute* These von der absoluten Autonomie des Menschen. Der die Existenzgebundenheit der Vernunft umgreifende Vertrauensgrund klammert sich an den formalen letzten Zipfel der Autonomie. Und gerade diese *letztgültige* Position wird durch die Wahrheit in Person in Frage gestellt. Hier wird die Existenz in ihrer totalen Verantwortlichkeit – dies ist gerade das Faszinierende an POPPER – aber gestellt, verantwortet und kann sich nicht mehr durch behauptete Autonomie immunisieren.

8.2.2 Die Immunisierung der Existenz durch »Projektion«

Während die aufgeführten Abwehrmechanismen die Existenz durch eine apriorisch-essentialistische oder apriorisch-formalistische Definition der Überprüfbarkeit in Form der In-Frage-Stellung entziehen, zeigt sich eine wesentlich raffiniertere Immunisierungsstrategie auf religiösem Boden selbst: die Projektion. Raffiniert deshalb, weil sie *vorgibt,* Vertrauen als Ermöglichungsgrund nicht auf die Existenz selbst zu beziehen, sondern religiös unter dem Schein der Transzendenz zu interpretieren.

Gerade die *Angst* vor möglicher Falsifikation kann dazu führen,

299 POPPER, Offene Gesellschaft I, S. 102.

300 POPPER beruft sich ausdrücklich auch auf die Ziele der Französischen Revolution von 1789, vgl. Offene Gesellschaft II, S. 40.

301 Gegen einen Panrationalismus wendet sich POPPER in Offene Gesellschaft II, S. 284.

302 POPPER, Offene Gesellschaft II, S. 285 (Hervorhebungen von uns).

sich durch Wunschvorstellungen abzusichern. Diese werden dann auf »Gott« übertragen. Der geschichtlich offene Gott der biblischen Überlieferung wird in ein »Wunschbild« gepreßt. Dieser Projektionsmechanismus ist nicht erst durch FEUERBACH[303] entdeckt worden. Im Grunde gilt die ganze prophetische Kritik dieser religiösen Selbstabsicherung.[304] *Gerade die Berufung auf den biblischen Gott selbst kann zu dieser statischen Haltung führen.* Aber immer wieder werden Israel seine Gottesbilder zerbrochen, der ganze biblische Glaube ist ein ständiger Exodus heraus aus unseren Vorstellungen, Bildern und Begriffen. Diese geschichtlich dynamische Offenheit ist auch das Motiv Jesu, selbst etwa Würdeprädikaten gegenüber[305] reserviert zu sein. Letztlich gipfelt der Zusammenbruch aller Gottesbilder im Kreuz, dem Fluchholz (vgl. Dtn 21,23). Das Kreuz ist das radikale Gegenteil von Projektion, von Wunschvorstellungen.

Diese Immunisierung kann sich dann natürlich auch an christliche Traditionen klammern. Hier wird die Dynamik von Wahrheit als Vertrauen in Traditionalismus verbrämt. Das geschichtlich offene Vertrauen wird zur statischen Nabelbeschau.

Der die existenzgebundene Vernunft umgreifende Vertrauensgrund kann sich also seiner geschichtlichen Offenheit selbst berauben, indem er die Falsifikation der Existenz durch Abwehrmechanismen und Projektionsstrategie immunisiert.

Was ist eigentlich der Grund dafür, daß sich der Ermöglichungsgrund der Vernunft, Vertrauen, seiner offenen Abkunft beraubt

---

303 Nach FEUERBACH ist bekanntlich der Grund der Religion das Abhängigkeitsgefühl des Menschen. Der Gegenstand dieses Abhängigkeitsgefühls sind die *Rätsel der Natur* (vgl. Wesen der Religion, S. 229ff).

304 Vgl. wie beispielsweise Amos in 5,18 die Zukunftserwartung vom Tag Jahwes total umstürzt: Er wird Finsternis, nicht Licht bringen. Sie mißverstanden ihn als »Heilsgarantie« (vgl. v. RAD, Theologie II, S. 148). Auch die Kultkritik ist zu beachten, beispielsweise bei Amos 2,8; 3,14; 4,4–12; 5,4–6; 5,21–25. KRAUS, Prophetie, S. 48: »Die Schalom-Ideologie aber ist das kultische Gegenstück einer autonomen Politik, die nur noch um ihre sakrale Legitimation bemüht ist.«

305 THIELICKE, Der Evangelische Glaube II, S. 424ff, betont in diesem Zusammenhang, daß »die objektive Sicherheit einschläfere« (S. 428). Auch GOPPELT vertrat in seinen neutestamentlichen Kollegs immer wieder die These, daß sich der Anspruch Jesu nicht in einem Titel, sondern durch sein Verhalten *in Wort und Tat* niederschlägt.

und in Abwehrmechanismen flüchtet, die Reflexe einer wie auch immer punktuellen *absoluten Fixierung* sind?

8.3 *Das Dilemma der Vernunft – theologisch gedeutet*

8.3.1 Vertrauen als transzendierendes Zeichen

Daß Vernunft in Vertrauen wurzelt, heißt: Wir können nicht endgültige Wahrheit gewinnen.
Daß wir *vertrauen müssen,* ist ein Symptom der Unmöglichkeit, absolute Wahrheit zu besitzen. Ein Symptom dafür, daß wir von der Wahrheit getrennt sind. Ein Symptom der postlapsalischen Struktur (vgl. 8.3.3) unserer Existenz, an der die Vernunft durch ihren Ermöglichungsgrund, Vertrauen, teilhat.
Daß wir *vertrauen dürfen*, ist aber zugleich ein Merkmal für unsere geschichtlich vermittelte Verbundenheit mit der Wahrheit als Vertrauen, ein transzendierendes Zeichen, das hinweist auf den personalen Grund von Existenz und Geschichte.

8.3.2 Wahrheit als Vertrauen: Der personale Grund von Existenz und Geschichte

Diesen Gedanken möchten wir noch ein wenig verdeutlichen: Wenn Vertrauen als Ermöglichungsgrund der Vernunft von Wahrheit als Vertrauen umgriffen wird, diese letztlich in Wahrheit als Person gipfelt, dann wird der personale Grund unseres Erkennens, unserer Existenz und der Geschichte freigelegt.
Gerade der geschichtlich handelnde Gott »schuf« diese Welt durch sein Wort (vgl. Gen 1,1ff).[306] Dieses Schaffen Gottes, das gänzlich verschieden von menschlichem Machen ist – es wird dies sogar durch ein eigenes Verbum br' angezeigt[307] –, meint immer ein wirksames Schaffen. Sein Wort ist keine bloß theoretische oder intellektuelle Information, sondern umfaßt Information, Theorie und Praxis. Was er spricht, geschieht. Dabar im Hebräischen ist

---

306 Vgl. Foerster, ktizo, S. 1009: »...einer Tathandlung... durch Gottes Wort...« Vgl. auch Kittel, logos, S. 99.
307 Vgl. Foerster, ktizo, S. 1007.

Tat-Wort.[308] Schon die litaneiartige Wiederholung im sogenannten priesterlichen Schöpfungsbericht zeigt dies deutlich: »Und Gott sprach: Es werde... und es ward...« (vgl. beispielsweise Gen 1,3).

Auch der Mensch wird nicht bloß gebaut, sondern mit *Namen* angeredet: So beginnt die Falsifikation der menschlichen Existenz mit einer In-Frage-Stellung: *Adam,* wo bist *Du* (vgl. Gen 3,9). Zugleich wird dieser personale Zug der Wahrheit als Vertrauen, also jetzt der Grund der Schöpfung schlechthin, etwa wiederum durch die johanneische Redeweise bestätigt: »Im Anfang war das Wort«! (Joh 1,1) Dieses Wort – gemeint ist eben die Wahrheit in Person – ist nicht der griechische ungeschichtliche Logos – dies ist nur der Anknüpfungspunkt –, sondern das hebräische dynamische Tat-Wort.[309] Deshalb – ganz ungriechisch – konnte das Wort Fleisch werden (vgl. Joh 1,14). Zugleich zeigt sich in diesem johanneischen Tat-Wort – trotz terminologischer Unterschiede – die gemeinsame Struktur mit den synoptischen Evangelien. Beispielsweise ist der Aufriß des ersten Teiles des Mattäus-Evangeliums durch diesen Zusammenhang deutlich geprägt: 5–7 Messias des *Wortes,* 8+9 Messias der *Tat.*[310] Gerade das einleitende Summarium Mt 4,23 verdeutlicht diese untrennbare Klammer: Jesu Wirken wird mit διδάσκων... κηρύσσων und θεραπεύων beschrieben.

Ist also der letzte Grund des Vertrauens, dieser personale Zug des Wortes, verstanden als dynamisches Tatwort, so wird hier das umgreifende Handeln Gottes deutlich: Sein schöpferisches Tatwort umgreift Existenz, schafft Geschichte, ist selbst immer dynamisch offen.

Nicht die Geschichte ermöglicht Gott, nicht die Totalität des Geschichtszusammenhangs bildet den Verstehenshorizont,[311] sondern *Er* selbst ermöglicht Geschichte, indem er immer wieder

[308] Vgl. dazu Teil 10.2.

[309] Auch Kittel, logos, S. 135, sieht diese Verbindung. Dagegen bestreitet sie Bultmann (Johannes, S. 7) und deutet die Stelle hellenistisch (S. 9ff). Wie könnte er auch anders auf Grund seines Denkschemas!

[310] Vgl. Schniewind, Matthäus, S. 37 u. 106.

[311] Gegen Pannenberg, Dogmatische Thesen, S. 113f, bei dem diese Gefahr sehr naheliegt: »Die Ereignisse, in denen Gott seine Gottheit erwiesen hat, sind als solche innerhalb ihres Geschichtszusammenhanges selbstevident«.

Neues schafft. *Insofern* geht er in die Geschichte ein, aber als der Geschichte Wirkende nicht darin auf. Er zerstört immer wieder alle Verstehenskategorien, in die sich das die Vernunft ermöglichende Vertrauen flüchtet. Es gibt keine absoluten, feststehenden Kategorien, sie werden von der Tat-Wort-Dynamik seines Wirkens weggerissen. Im Grunde können wir nur nacherzählen.[312]

8.3.3 Die dem Vertrauensgrund entfremdete Vernunft

Gerade durch Fixierungen, das Einbauen in vorgefaßte Begrifflichkeit, sei es Geschichte oder Sprache[313] – im Grunde die Tendenz aller Apologeten von JUSTIN bis HEGEL und seinen theologischen Nachfahren –, beraubt sich der Vertrauensgrund der Vernunft seiner Offenheit, klammert sich an einen Fixpunkt. Die Vernunft entfremdet sich vom Vertrauensgrund und wird zur »Hure«.

Von *hier aus* wird auch verständlich, weshalb beispielsweise LUTHER von der »Hure Vernunft« reden konnte.[314] Dieses Wort ist oft völlig mißverstanden worden. LUTHER will keineswegs die Logik ablehnen[315] oder Vernunft ausschalten. Vielmehr erkennt er gerade ihre technische Rationalität an.

Aber er hat wohl instinktiv tiefer gebohrt und im Grund das Ergebnis unseres empirischen Modellfalles geahnt: Die Vernunft wurzelt nicht in sich, sie hat einen Ermöglichungsgrund. Sie ist auch nicht nur immanent wie bei KANT auf ihre kategorialen Strukturen und ihren möglichen Aktionsradius hin zu untersuchen. Vielmehr ist sie existenzgebunden. Diese Existenz läßt sich nicht aufteilen – etwa platonisch in Leib und Seele –: Omnis homo caro est.[316] Und als solche ist die Vernunft von Interessen geleitet. Man könnte geradezu LUTHERS Rede von der Hure Vernunft und HABERMAS' Redeweise von der interessegeleiteten Vernunft hier

312 Vgl. v. RAD, Theologie I, S. 134: »Die legitimste Form theologischen Redens vom Alten Testament ist deshalb immer noch die Nacherzählung.«

313 Dies liegt z. B. in der Konzeption EBELINGS vor, vgl. Wort Gottes, bes. S. 243.

314 Vgl. dazu LOHSE, Ratio, S. 72f, und ALTHAUS, Theologie Luthers, S. 65ff.

315 Dies meint beispielsweise BOCHENSKI, Logik der Religion, S. 28.

316 Vgl. LUTHER, De servo arbitrio, bes. S. 230ff; vgl. dazu IWAND, Erläuterungen, S. 300.

miteinander verbinden. Doch die Existenz versteht sich bei LUTHER nicht als absolute Autonomie, auch nicht als das reflektierende Selbst. Ein solcher Glaube, ein solches Vertrauen auf die eigene Freiheit kann ja nur statisch absolut verstanden werden. Dann verkrümmt sich der Mensch in seine absolut geglaubte autonome Freiheit. Jener Glaube ist aber, »wie jeder echte Glaube, in sich selbst begründet und daher die alles begründende Voraussetzung des Weltbildes, das er sich schafft.«[317] Doch gerade die Infragestellung durch die Wahrheit in Person entlarvt diese vermeintlichen Ansprüche als irrig, zerschlägt die in sich selbst gegründete Freiheit. Die letzte Bastion wird also durch die Wahrheit in Person selbst noch relativiert. Dann schwebt nicht nur die Erkenntnisbasis, sondern auch die scheinbar autonome Existenz.

8.3.4 »Wahrheit als Person« bringt die Vernunft zu ihrem Ermöglichungsgrund zurück

Wenn Vertrauen der letzte Ermöglichungsgrund der Vernunft ist, dieses Vertrauen zwar subjektive Entscheidung, Intersubjektivität und die Evidenz des Geschichtlichen begründet, so kann es doch so sehr in die Probleme der Existenz und in sozial-strukturelle Konflikte verstrickt sein, daß Vertrauen nicht mehr vollzogen werden kann oder sich krampfhaft verfestigt.

Vertrauen kann sich nicht selbst begründen, da es der Ermöglichungsgrund schlechthin ist. Vertrauen transzendiert sich zwar ständig, indem es nicht in Verfestigungen stehenbleibt, sondern sich dynamisch geschichtlich immer neu bewähren muß. Doch dieses ständige Transzendieren kann sich, da keine absolute Sicherheit da ist, flüchten in einen statischen ideologischen Sicherheitsanspruch, der sich selbst nicht mehr in Frage stellen kann. Wenn Vertrauen von Subjekten vollzogen werden muß, es aber Selbst-in-Frage-stellen des Subjekts voraussetzt, kommt Vertrauen als Ermöglichungsgrund der Vernunft an seine Grenze. Vertrauen kann sich nicht selbst begründen, Vertrauen muß sich entzünden. *Vertrauen wird geschenkt.*

---

[317] IWAND, Studien zum Problem des unfreien Willens, S. 39.

Von hier fällt ein ganzes neues Licht auf die reformatorische Rechtfertigungslehre. Gott rechtfertigt den Menschen heißt dann: Er schenkt ihm sein Vertrauen. Da Vertrauen als letzter Ermöglichungsgrund sich nicht selbst begründen kann, muß es von Ihm entzündet werden. Einen Ermöglichungsgrund nicht mehr begründen können heißt, keine Bedingungen mehr angeben können. Deshalb ist geschenktes Vertrauen *hier* bedingungslose Annahme. Schon die Metapher »schenken« zeigt die geschichtliche Offenheit des Vertrauens: Ein Geschenk weist auf eine Beziehung zum Geber hin, verneint einen statischen absoluten Besitzanspruch, ein Pochen auf die Gabe. Zugleich brauchen wir die Gabe nicht verteidigen, uns zu bestätigen versuchen, sondern können uns immer wieder in Frage stellen lassen: Wir können nicht tiefer fallen als in die Arme dessen, der uns bedingungslos annimmt. Hier sind wir die Armen der Seligpreisungen.[318] Anders ausgedrückt: Wer sich nicht zu bestätigen versucht, »wer sein Leben verliert« (vgl. Mt 10,39), der wird es erst gewinnen.
An dieser entscheidenden Stelle können wir nur metaphorisch reden. Wir können aber sagen warum: Das Denken würde hier selbst seinen Ermöglichungsgrund überschreiten und in fremdes Gebiet eindringen. Würden wir hier definitorisch reden, nähmen wir dem letzten Grund seine Offenheit. Das Bilderverbot meint aber auch ein Verbot der statischen Begrifflichkeit an *dieser* Stelle (vgl. das zum Tetragramm Gesagte). Deshalb ist an *dieser* Stelle auch der legitime theologische Ort der Rede vom »Heiligen Geist«:
Nicht als Ausrede, sondern im Bewußtsein der Begrenztheit menschlichen Vertrauens. Oder um KANT abzuwandeln: Und so begreifen wir zwar nicht die Notwendigkeit des Heiligen Geistes, wir begreifen aber doch seine Unbegreiflichkeit, welches alles ist, was billigermaßen von einer Theologie, die bis zur Grenze der menschlichen Vernunft in der Suche nach ihrem Ermöglichungsgrund strebt, gefordert werden kann.[319] Dies meint, daß wir näm-

---

318 Vgl. GOPPELT, Begründung, S. 49.
319 Vgl. KANT, Metaphysik der Sitten, S. 102: »Und so begreifen wir zwar nicht die praktische unbedingte Notwendigkeit des moralischen Imperativs, wir begreifen aber doch seine *Unbegreiflichkeit,* welches alles ist, was billigermaßen von einer

lich nicht »aus eigener Vernunft noch Kraft«[320] zur Wahrheit als Person finden können.

Vielmehr bringt die Wahrheit in Person als spiritus creator[321] den »autos« aus dem Schein selbstgesetzter Freiheit in die Wirklichkeit geschenkter Freiheit.

Sie befreit den Ermöglichungsgrund der Vernunft, Vertrauen, von seinem in sich gekrümmten Selbstvertrauen hin zu geschichtlich offenem Vertrauen – so wie Gott selbst geschichtlich offen ist.

Sie reißt die in sich ruhende Rationalität in die geschichtliche Dynamik des Handelns Gottes hinein – heraus aus allen Bindungen und Verstehenskategorien – wie Jesu Ruf in die Nachfolge.

Wahrheit als Vertrauen hat uns selbst stilistisch mitgerissen. Halten wir ein! Führen unsere letzten Sätze nicht zu einer Selbstimmunisierung?

Philosophie, die bis zur Grenze der menschlichen Vernunft in Prinzipien strebt, gefodert werden kann.«

320 LUTHER, Kleiner Katechismus, S. 511.

321 Gerade das hebräische rūaḥ (Geist) enthält ja dieses schöpferische Moment, vgl. Gen 1,2.

9 Systematische Rückkopplungsreflexion:

9.1 *Allgemeingültigkeit und Glaube*

Wir sind in unserer Abhandlung von der für jede Wissenschaft gültigen Forderung der Nachprüfbarkeit ausgegangen. Diese impliziert Allgemeingültigkeit (Intersubjektivität). Wir zeigten die erkenntnistheoretische Problematik dieser Begriffe auf. Was heißt dies dann aber für unsere Konzeption?

9.1.1 Erste Reflexion:

Wir führten die Intersubjektivität auf die geschichtlich bedingte Plausibilitätsstruktur der Forschergemeinschaft zurück. Sie ist die Bedingung der Möglichkeit von Intersubjektivität, setzt außerdem grundlegend Vertrauen voraus.
Nun ergibt sich die Forderung der so begründeten Allgemeingültigkeit nicht nur aus dem Anspruch der Wissenschaft, sondern aus der Sache des Glaubens selbst: Glaube als Vertrauen ermöglicht eine Plausibilitätsstruktur.
Vertrauen umgreift – wie wir sahen – Gemeinschaft. Glaube als Vertrauen ist immer auf Gemeinschaft ausgerichtet. Dies gilt sowohl für die biblische Überlieferung als auch für die praktische Erfahrung. Neutestamentlich gesprochen: Nicht die Einzelnen addieren sich zum »soma«, sondern sie bilden dessen Glieder.[322] Diese können nur am Leib,[323] das heißt in der Gruppe existieren. Es gibt keinen biblischen Glauben als Robinson-Crusoe-Dasein. Die »tolle-lege«-Geschichten erscheinen uns höchst unwahrscheinlich. Glauben als Vertrauen vollzieht sich immer in einer Gruppe. In diesem Stadium ist also die Gruppe die Bedingung der Möglichkeit der Intersubjektivität.

---

322 Vgl. Schmidt, ekklesia, S. 502ff; Michel, oikos, S. 122ff.

323 Ekklesia ist v. a. in Eph und Kol »soma Christu«. »Der in und mit der ἐκκλησία Handelnde ist immer Gott« (Schmidt, ekklesia, S. 509). Zu Paulus vgl. Schweizer, soma, S. 1067: »Die Gemeinde ist in Christus, d. h. eingereiht in die durch ihn bestimmte Geschichte... schon von vornherein eine Einheit.«

9.1.2 Zweite Reflexion:

Nun könnte eingewendet werden, diese Intersubjektivität sei nur auf eine Gruppe beschränkt und deshalb nicht allgemeingültig. Hier ist aber folgendes zu überlegen: Intersubjektivität als wissenschaftliche Forderung ist ebenfalls – wie wir sahen – nur in einer Gruppe, eben der Sachverständigen, möglich. Eine weltweite wissenschaftliche Intersubjektivität würde immer qua Definition auf den Bereich der Wissenschaftler festgelegt werden. Hier liegt also zum Problem des Glaubens kein Unterschied vor.

9.1.3 Dritte Reflexion:

Nun könnte aber eingewendet werden, die wissenschaftliche Intersubjektivität gelte *prinzipiell* für alle Menschen, es fehle ihnen nur faktisch an Sachverstand. Wir würden also eine *prinzipielle Allgemeingültigkeit* von einer *faktischen* unterscheiden. Die erste ist dann eine Forderung, die noch nicht erfüllt wäre.
Aber genau dies gilt auch für den biblischen Glauben: Gerade die Sache des Glaubens, die Wahrheit als Vertrauen auf den geschichtlich handelnden Gott *gilt* für alle Menschen (vgl. z. B. Mt 28,19ff). Das Heil in diesem Sinn ist *prinzipiell* allgemeingültig. Dann liegt doch auch hier kein Unterschied vor.

9.1.4 Vierte Reflexion:

Es könnte wiederum eingewendet werden, die wissenschaftliche Intersubjektivität gelte nicht nur für alle, sie wäre auch für alle *prinzipiell möglich.* Sie müßten sich nur den Sachverstand aneignen. Gerade in dieser Möglichkeit von allen her läge dann der Unterschied zum biblischen Glauben, der ja *Geschenk* ist. Diese Auffassung der prinzipiellen Möglichkeit wäre aber, wissenschaftstheoretisch gesehen, bloß hypothetischer Natur. Der Versuch ihrer Prüfung ist noch nicht vollzogen worden. Zudem müßte von vornherein mit dem Begriff der »gesunden Vernunft« gearbeitet werden. Geistig Kranke müßten also ausgeschlossen werden.
Hier würde sich dann sogar für das Geltungsproblem ein umfassenderer Begriff der Allgemeingültigkeit des Glaubens ergeben,

der ja auch diese Menschen unter Gottes Heil stellen will. Wir können also diese Abgrenzung durch die prinzipielle Möglichkeit so nicht übernehmen.
Wir interpretieren dazu systematisch den Text Röm 1,18ff (vgl. Apg 17,16ff):
Paulus behauptet, die Heiden hätten ein »Wissen« (γνόντες V. 21) von Gott, und deshalb könne es keine Entschuldigung für sie geben.
In welchem Sinne hat der Mensch ein Wissen um Gott? Die Menschen besitzen diese Kenntnis, aber *unterdrücken* die Wahrheit (V. 19) ständig. Folglich ist unsere Stelle nicht im Sinne einer natürlichen Theologie oder der Konzeption der Uroffenbarung[324] zu verstehen, auch nicht im BARTHschen Sinn[325] eines Wissens, das vom Nichtwissen überdeckt ist, sondern eines Wissens, das *durch Nichtanerkennen* permanent *unterdrückt* wird. Das Ziel ist also nicht Glaubensaufklärung, sondern Vergebung.[326] Dies entspricht dem hebräischen »erkennen«: Nichterkennen ist »nicht nur ein Irrtum, sondern auch eine Schuld.«[327]
Was besagt dieses Ergebnis für unser Problem? Nichts anderes als dies: Alle Menschen haben *prinzipiell* die Möglichkeit zu glauben. Dies würde auch mit der Rückführung der Vernunft auf ihren Ermöglichungsgrund, Vertrauen, übereinstimmen. Vertrauen hat – wie wir zeigten – ein transzendierendes Moment hin auf seinen letzten Bezugspunkt, das Geschenk Gottes.
Daß wir aber unter der postlapsalischen Struktur stehen, meint dieses paulinische »niederhalten«, »umlügen«. Niederhalten ist genau das Gegenteil von geschichtlich offenem Vertrauen. Im Niederhalten verschließt sich das Vertrauen im *faktischen Vollzug*, flüchtigt sich in Verfestigungen und Ideologien. Anders ausgedrückt: Vertrauen hält sich nicht mehr offen für den geschicht-

---

324 So ALTHAUS, Römerbrief, S. 15ff, bes. 18f.
325 Vgl. BARTH, Kirchliche Dogmatik I/2, S. 332ff ; II/1, S. 131ff.
326 Die gleiche Interpretation würden wir dann auch für die Stelle in Apg 17,16ff geben. Der Unterschied zu hier ist das andere kerygmatische Vorzeichen: Röm 1 ist ein Gerichtswort an den »alten Menschen«, Apg 17 ein missionarischer Ruf an gebildete Heiden. Der entscheidende Satz: 17,30. Vgl. dazu B. GÄRTNER, Areopagus Speech, S. 73ff.
327 BULTMANN, gignoskein, S. 697 (nicht zu dieser Stelle!).

lich wirksamen Gott. Der Grund liegt dann aber doch in der menschlichen Entscheidung, der Selbstabsicherung (vgl. Abwehrmechanismen). Die Existenz läßt sich nicht mehr in Frage stellen.
Doch auch diese unsere eigenen Überlegungen sind hypothetischer Natur. Wie lassen sie sich überprüfen?

9.2 *Nachprüfung – Nachvollzug – Nachfolge*

Damit kommen wir nochmals auf das Problem der Nachprüfbarkeit zurück. Trotz der aufgezeigten Schwierigkeiten soll die Forderung doch »irgendwie« – um an H. SCHOLZ zu erinnern – gelten. Was heißt nun Nachprüfbarkeit für den biblischen Glauben? Wir meinen hier nicht die Überprüfung theologischer Theorien in ihrem Zusammenhang, also auf Grund schon anerkannter Basissätze. Vielmehr wollen wir uns dem heikleren Problem der Basis des Glaubens selbst zuwenden. Speziell der Wahrheit als Person, etwa Jesu Aussage: Ich bin der Weg, die Wahrheit und das Leben (Joh 14,6). Wie ist dies zu überprüfen?

9.2.1 Erste Reflexion:

In unserem erkenntnistheoretischen Teil ergab sich als grundlegendes Begriffspaar *an-erkennen – erkennen.* Erst auf Grund der Anerkennung bestimmter Sätze ist eine Überprüfung überhaupt möglich. Dies galt selbst für die logische Grundlagendiskussion. Die Analogie zu unserer jetzigen Fragestellung legt sich auf Grund unseres entfalteten Ansatzes nahe: Gerade der hebräische Begriff »erkennen« (ידע) weist diese Spannung an-erkennen – erkennen auf. Zwar umfaßt ידע wie »Wahrheit« auch das bloße Bescheid wissen,[328] aber ist eben umfassender: »Erkennen« heißt hier »*Kennenlernen im Umgang*»,[329] »Gemeinschaft haben«, »anerkennen«. Dazu gehören »vertrauen«, »anvertrauen«, »sich verlassen auf«. Dies sind Begriffe, die dem griechischen θεωρεῖν,[330]

---

[328] Vgl. BULTMANN, gignoskein, S. 696f.
[329] BULTMANN, gignoskein, S. 696.
[330] Vgl. selbst BULTMANN, gignoskein, S. 697: »Dem AT ist ... das Ideal des βίος θεωρητικός ... fremd«.

besonders aber der aristotelisch[331]-cartesianischen Subjekt-Objekt-Spaltung fremd sind. Der hebräische Erkenntnisbegriff ist dem Ermöglichungsgrund unserer Vernunft, Vertrauen, schon im Ansatz nahe.
Zeigten wir beispielsweise auf der Suche nach dem Sinnkriterium und auch bei POPPER[332] die Bedeutung des *Willens* für den Erkenntnisvorgang auf, so wird dies vom hebräischen »erkennen« her bestätigt: »Das Erkennen enthält also das Moment des Anerkennens, es ist nicht ohne ein Moment... der Bewegung des *Willens*«[333] zu verstehen. Erkennen ist demnach kein bloßes distanziertes Betrachten, sondern ein »sich ver-lassen auf«, das die Subjekt-Objekt-Spaltung hinter sich läßt.[334]
Dies heißt nun für unsere Fragestellung: Wir müssen ein Experiment durchführen, ausprobieren, herausfinden, ob Vertrauen auf die Wahrheit in Person trägt: »Die Wahrheit wird ›*erkannt*‹, wenn man sich ihr verstehend anvertraut...«[335]

9.2.2 Zweite Reflexion:

Eine weitere Analogie zu unserem empirischen Modellfall ergibt sich: Wir zeigten, daß wir eigentlich gar nicht »reine« Basissätze anerkennen, sondern diese schon »im Lichte« anderer Theorien formulieren. Letztlich ging es um zwei konkurrierende Theorien. So aber ist es auch hier in analoger Weise: Es geht um zwei Existenztheorien. Das Problem bei konkurrierenden Theorien lag

---

331 Vgl. dazu auch SCHRÖDINGER, Die Natur und die Griechen, S. 116f. Dort übt er ebenfalls Kritik an der Spaltung, allerdings von PLATON aus (PLATON kontra ARISTOTELES).
332 Theologisch interessant ist es, daß sich POPPER für seinen »Kritischen Rationalismus« ausdrücklich auf DUNS SKOTUS beruft, vgl. Offene Gesellschaft II, S. 453 Nr. 6.
333 BULTMANN, gignoskein, S. 697 (Hervorhebung von uns); vgl. auch WOLFF, Anthropologie, S. 84, in bezug auf lēb (Herz = Verstand): »... daß der Übergang von der Verstandesfunktion zu den Tätigkeiten des *Willens* ... fließend ist.«
334 Wir wollen dies an einem zugespitzten Beispiel verdeutlichen. Gen 4,1: »Adam *erkannte* sein Weib Eva und sie wurde schwanger«. »Erkennen« wird also selbst für den Koitus gebraucht: Gemeinschaft haben; die Subjekt-Objekt-Spaltung wird überwunden. Zugespitzt: nicht cartesianisch: cogito, ergo sum, sondern hebräisch: coeo, ergo sum. Vgl. zu dieser Stelle auch v. RAD, Genesis, S. 83f.
335 GOPPELT, Wahrheit, S. 91 (zu Joh 8,32).

aber darin, herauszufinden, welche der »Wahrheit näher« sei, welche uns mehr Informationen über die Wirklichkeit liefere. Dies heißt nun in unserem Kontext: Eröffnet uns die Wahrheit in Person *mehr* über uns und unser Leben?
Vielleicht können wir »im Lichte« dieser Wahrheit Probleme entdecken, die uns bislang nicht bewußt waren. Vielleicht deckt diese Wahrheit dann selbst unsere existentiellen Abwehrmechanismen auf.
Auch die Analogie aus dem Mikrobereich der Physik drängt sich auf: Nur auf Grund bestimmter Versuchsanordnungen, Fragestellungen erhalten wir Ergebnisse, nicht ein »objektives« Bild der Natur, sondern ein Bild *unserer Beziehungen* zur Natur. Das Subjekt kann sich nicht heraushalten. Wenn dennoch der Gesamtzusammenhang des Versuchs *als solcher* immer gültig sein soll, so trifft dies auch bei der Wahrheit in Person zu: *Wer immer* sich dieser Wahrheit anvertraut – also den gleichen Versuchsbedingungen unterliegt –, erfährt ihre Tragfähigkeit (vgl. Joh 8,32).

9.2.3 Dritte Reflexion:

Wir zeigten am empirischen Modellfall, daß wir ständig Evidenzvoraussetzungen machen müssen. Wie steht es mit der Evidenz der Wahrheit als Person? Sie »trägt ihre Evidenz in sich selbst... sie *erweist dem,* der sich ihr verstehend anvertraut, ihre Tragfähigkeit«.[336] Ganz im Sinne des hebräischen Denkens. Weil diese Wahrheit geschichtlich und nicht zeitlos »übernatürlich« ist, widerspricht sie nicht der Vernunft, sondern ermöglicht sie.
Wenn Vernunft in Vertrauen wurzelt, ist *nicht einzusehen,* weshalb Wahrheit als Vertrauen in seiner personalen Zuspitzung als Wahrheit in Person nicht tragfähig sein könnte. »Alles spricht dafür, nichts Haltbares dagegen«.[337]
So wäre eigentlich nur die alte Tauffrage zu stellen: Was hindert dich? Wenn es keine erkenntnistheoretischen Gründe gibt, dann können uns nur existentielle Abwehrmechanismen (vgl. Teil 8.2) den Zugang versperren. Aber gerade diese sollen unter die Falsifi-

---

336 GOPPELT, Wahrheit, S. 93 (Hervorhebung von uns).
337 Vgl. A. GÖRRES, Alles spricht dafür, S. 36ff.

kation der Existenz fallen, um *Leben* zu ermöglichen: »...und die Wahrheit wird euch frei machen.« (Joh 8,32)[338]
Welche Folgerungen ergeben sich aus unseren erkenntnistheoretischen und systematischen Überlegungen nun für die Theologie als Wissenschaft?

9.3 *Vorschlag eines neuen Zweistufenplans theologischer Wissenschaft*

Wir wollen unseren neuen Vorschlag kurz skizzieren.
Wir beginnen mit folgender Überlegung, die sich an KAMLAH/LORENZEN[339] anschließt: Einen absoluten Anfang einer Wissenschaftssprache gibt es nicht. Wenn wir reden, denken, überlegen, beginnen wir »immer schon vertrauensvoll inmitten« der Umgangssprache. Sie liefert uns den Verstehenshorizont, die sprachliche Plausibilitätsstruktur. Wir können also nicht am Nullpunkt anfangen. Wir können aber aus dem Verstehenshorizont unserer Umgangssprache eine Wissenschaftssprache Stück für Stück aufbauen. Diese besitzt dann einen absoluten Nullpunkt.
Diese Unterscheidung von Umgangssprache und Wissenschaftssprache wenden wir nun auf das Verhältnis Glaube–Theologie an. Glaube im beschriebenen Sinne würde dann unsere theologische Umgangssprache sein, wir nennen sie Glaubenssprache. Von ihr aus kann also eine theologische Wissenschaftssprache aufgebaut, konstruiert werden.
Um unseren Plan zu verdeutlichen, machen wir folgende begriffliche Unterscheidung: Offenbarung – Glaube – Biblische Überlieferung – Reflexion – Reflexionsäußerungen – Wissenschaftssprache.
a) *Offenbarung:*
Damit bezeichnen wir dann die geschichtlichen Heilstaten des biblischen Gottes. Er handelt nicht in einer mythischen Übergeschichte, sondern in unserer konkreten vorfindlichen Wirklichkeit. Beispiele für seine Taten: Jahwe hat Israel aus Ägypten geführt. Gott hat Jesus am dritten Tage von den Toten erweckt.

338 Eigene Übersetzung.
339 Vgl. Propädeutik, S. 24.

Der behauptete *Ort* des Offenbarungshandelns liegt also in der geschichtlichen Wirklichkeit.

Die *Art* dieses Offenbarungshandelns könnten wir in der Spannungsaussage »eingehend in Geschichte, aber nicht aufgehen in Geschichte« ausdrücken. Das johanneische »Das *Wort* wurde *Fleisch*« drückt diese Spannung aus.

Aus dieser Art des Offenbarungshandelns folgt ja auch für das Problem der Mitteilbarkeit die prinzipielle Zweideutigkeit und Verwechselbarkeit. Zur Eindeutigkeit zu führen, ist Aufgabe des spiritus creator (vgl. Teil 8.3.4).

b) *Biblische Überlieferung:*

Sie ist dann die grundlegende schriftliche Aufzeichnung, Bericht von diesem Offenbarungshandeln Gottes. Als solches ist sie nicht selbst Offenbarung, sondern Wegweiser (äußeres – inneres Wort).[340]

c) *Glaube:*

Er ist in unserem Sinne Vertrauen auf den, der sich in der Geschichte offenbart. Der Glaube geht einerseits der Aufzeichnung voraus. Insofern ist die biblische Überlieferung schriftliche Glaubensäußerung.

Zugleich folgt der Glaube aber auch aus der Verkündigung der biblischen Überlieferung.[341]

Er trifft als solcher den Menschen aber nicht im abstrakten luftleeren Raum, sondern »in, mit und unter« seinem existentiellen und sozial-geschichtlichen Bezugsrahmen. Wir nennen dann diesen Rahmen *Erfahrungs*rahmen.

d) *Reflexion:*

Hier wird nun methodisch über die schon aufgezeigten Schritte nachgedacht. Hier wird der Bezug zwischen Glauben und Erfahrung hergestellt.

Folglich erhalten wir bisher *die Kette:*

Offenbarung

Glaube

---

340 Vgl. dazu ALTHAUS, Theologie Luthers, S. 44. Wir gehen hier auf Einzelheiten nicht näher ein, da es darum geht, unseren Plan auf Grund der erkenntnistheoretischen Überlegungen zu entfalten.

341 Vgl. beispielsweise die aufsteigende Klimax in Röm 10,16f: ῥῆμα – ἀκοή – πίστις.

Biblische Überlieferung
Glaube
Erfahrung.

e) *Reflexionsäußerungen:*

Hier werden dann gewisse, sich aufdrängende systematische Linien ausgezogen. Die Sätze wären beispielsweise die Lehräußerungen der Kirche, Dogmen, Bekenntnisschriften. Diese Sätze dürfen sich, da sie ja Reflexionsäußerungen sind, nicht verselbständigen, sich selber zum Thema werden, sondern müssen sich auf das Offenbarungshandeln oder seine grundlegende schriftliche Aufzeichnung beziehen.

Die gesamten Begriffsunterscheidungen gehören unserem Plan nach der theologischen Umgangssprache an. Innerhalb dieser Umgangssprache können sie formuliert und auch überprüft werden, nun nicht im lebenspraktischen Sinne, sondern so, daß sie sich beispielsweise dadurch ausweisen, daß sie den Bezug auf das Heilshandeln Gottes herstellen lassen. *Die Sätze über das Heilshandeln Gottes wären dann die anerkannten Basissätze.*

Die Analogie zu dem damaligen Basisproblem ist offensichtlich: Wir haben nicht das »Ding an sich«, sondern nur die sprachliche Äußerung über es. Schon damals ergab sich die Korrelation: Ereignis – Aussage (Deutung). Genau dies trifft hier theologisch zu: Sätze über das Heilshandeln Gottes sind *gedeutete* Sätze.[342] Daß die Deutung geschichtlich offen ist, ergibt sich nicht nur aus unseren bisherigen Überlegungen, sondern beispielsweise auch aus dem biblischen Verhältnis von Verheißung – Erfüllung selbst. Letztere ist doch immer auch eine »überbietende Erfüllung«, sie korrigiert selbst die Verheißung, ja entläßt neue Verheißungen.[343] *In dieser Weise wäre Theologie wissenschaftstheoretische Reflexion über den Glauben.*

Bisher haben wir die theologische Umgangssprache, Glaubenssprache in ihrem Aufbauplan skizziert.

f) Wer nun Lust an axiomatischer Konstruktion hat, kann sich an

---

342 Vgl. dazu bes. CULLMANN, Heil, S. 70ff.

343 Vgl. v. RAD, Theologie II, S. 329: »Merkwürdigerweise war keine Erfüllung in der Geschichte imstande, ... Erwartungen zu befriedigen und zur Ruhe zu bringen.« S. 397: »Christus ist Erfüller und wird für die Seinen zugleich zur neuen Verheißung.«

den Aufbau einer theologischen Wissenschaftssprache machen. Wir weisen ausdrücklich darauf hin, daß diese Wissenschaftssprache – oder künstliche Sprachen – beispielsweise von POPPER[344] abgelehnt werden.

Würde man eine solche Sprache aufbauen wollen, so müßte man »vertrauensvoll inmitten« der Umgangssprache über sie reden, von ihr aus aufbauen. Hier dürften nun nur Axiome und Theoreme – also Sätze, die sich auf die Axiome beziehen – Eingang finden. Für sie würde dann die SCHOLZsche Höchstforderung einer Wissenschaft gelten: »Die Sätze einer Wissenschaft müssen in zwei Klassen von Sätzen aufgespalten werden können. Zur ersten Klasse gehören die Sätze, für welche das Wahrsein *vorausgesetzt* wird. Wir nennen sie die *Grundsätze* oder *Axiome.* Zur zweiten Klasse gehören die Sätze, für welche das Wahrsein, auf Grund des vorausgesetzten Wahrseins der Axiome, *deduziert* oder *bewiesen* wird. Wir nennen sie *Lehrsätze* oder *Theoreme*«.[345]

Wir weisen ausdrücklich darauf hin, daß die Axiome hier aus der theologischen Umgangssprache und ihrer methodischen Reflexion entnommen wären. Diese wäre also eine notwendige Bedingung zum Aufbau der Wissenschaftssprache. (Würde dies nicht vorausgesetzt, landeten wir in einem bloßen Kalkül.) Als axiomatische Sätze könnten dann zusammenfassende Äußerungen der Glaubensbasis verwendet werden.

So schwierig die Durchführung dieses Aufbaus in der Praxis sein dürfte, so wesentlich ist doch zumindest seine Überlegung: etwa für den Aufbau einer Dogmatik. Für sie müßte die innere Widerspruchslosigkeit ein erstrebenswertes Ziel sein. Denn für ein Axiomensystem ist Widerspruchslosigkeit eine notwendige und hinreichende Bedingung. Damit wäre aber für seine *Annahme* noch keine Entscheidung getroffen.

So viel zu unserem Plan, der ein bißchen Klarheit in die theologische Diskussion bringen soll und zur Gegenkritik herausfordern will.

---

[344] Vgl. POPPER, Logik der Forschung, S. XXff: »Große Systeme von Spielereimodellen« (S. XX).

[345] SCHOLZ, Wie ist eine evangelische Theologie als Wissenschaft möglich?, S. 236.

Auch diesen Plan stellen wir auf den Boden des geschichtlich offenen Vertrauens; d. h. wir hängen nicht an ihm, sondern sind bereit, ihn scheitern zu lassen.

Wenn Vertrauen die Vernunft konstituiert, Vernunft aber existenzgebunden ist und diese Existenz in einem sozial-geschichtlichen Rahmen steht, dann stellt sich schließlich die Frage, welche Konsequenzen die umgreifende Wahrheit als Vertrauen für die Existenz und den Strukturbereich hat.

10 Wahrheit als Vertrauen eröffnet Leben

Wir wollen hier natürlich keine Anthropologie und Sozialethik entfalten. Wir deuten nur kurz an, welche Implikationen in dem Wahrheitsverständnis stecken, das wir entfalteten.

10.1 Die anthropologische Dynamik von Wahrheit als Vertrauen

Wahrheit als Vertrauen wurzelt im geschichtlich wirksamen Gott. Dieser läßt sich nicht in Begriffe fassen, sondern zeigt sich durch sein Handeln. Er ist auf Zukunft hin offen.

Nun ist gerade die entscheidende Information der biblischen Anthropologie, daß der Mensch ein »Ebenbild« Gottes ist. Imago (צלם, דמות) heißt wohl Standbild, es soll die stellvertretende Herrschaft repräsentieren.[346] Diese Aussage bleibt »absichtlich in einer gewissen Schwebe«.[347]

Dies ist von unserem Ansatz her nun leicht verständlich: Wir zeigten, daß sich Gott nicht in Begriffe, in ein Bild pressen läßt, ja gerade diese Fixierungen, Projektionen immer wieder durchbricht. Er ist auf Zukunft hin offen.

Dies gilt dann aber in »ebenbildlicher Weise« auch für den Menschen. *Hier* liegt der Grund, daß wir das *Wesen* des Menschen so wenig definieren können wie das *Wesen* Gottes. Wesen ist ein ontologischer, statischer Begriff. Im biblischen Denken herrscht Dynamik, Hoffnung auf Neues.

Max Frisch, so meinen wir, hat in glänzender Weise diese geschichtliche Offenheit des Menschen charakterisiert: »Es ist bemerkenswert, daß wir gerade von dem Menschen, den wir lieben, am mindesten aussagen können, wie er sei ... Eben darin besteht ja die Liebe, das Wunderbare an der Liebe, daß sie *uns in der Schwebe des Lebendigen* hält ... Die Liebe befreit ... aus jeglichem

---

346 Vgl. v. Rad, Genesis, S. 46.
347 v. Rad, Genesis, S. 46.

Bildnis.«[348] Könnten wir einen Menschen definieren, so wären wir mit ihm fertig, zu Ende gekommen.

Deshalb zeigt die Rede vom Bild Gottes, von der imago Dei,[349] eine präzise Offenheit. Präzise, weil sie eine Schranke setzt gegen alle möglichen Definitionen, alle immunisierenden (vgl. Teil 8.2) Bestimmungen des Menschen.[350] Offenheit, weil sie ihn auf Grund des ihn konstituierenden Vertrauens, seines tragenden Grundes, auf die Zukunft Gottes verweist. Die Rede von der »Gottesebenbildlichkeit« bewahrt dem Menschen seine Freiheit, seine Offenheit – seine Menschlichkeit. Die Rede vom Menschen bewahrt Gott davor, eine platonische Idee zu werden. Deshalb werden im Alten und Neuen Testament Gottes- und Menschenliebe untrennbar miteinander verbunden (vgl. Lev 19,18; Dtn 6,5; Mt 22,37 ff).

Diese »Bestimmung« der Existenz des Menschen geschieht nicht im luftleeren Raum, sondern in seiner geschichtlich-leiblichen Wirklichkeit. Beide alttestamentlichen Schöpfungsberichte zeigen trotz ihrer Unterschiedlichkeit doch diese Merkmale: Im Medium seiner biologischen Existenz trifft ihn die Anrede Gottes. Nach dem priesterlichen Bericht steht der Mensch am Ende einer langen Entwicklungskette vom Niederen zum Höheren (Gen 1,26). Der jahwistische Bericht drückt diese Verbundenheit des Menschen mit seiner »Umwelt« fast noch plastischer aus: 'ādām (Mensch) ist aus '^{a}dāmā (Erdboden) gemacht (Gen 2,7). Beide Texte stellen also den Menschen in je verschiedener Weise in den Zusammenhang mit aller sonstigen Kreatur und geben unter diesem Gesichtspunkt unserer empirischen Vernunft den Weg frei, dies näher zu untersuchen und das Wie des Zusammenhangs zu erklären. Würde aber die Vernunft sich nicht offenhalten und gleichsam *aus* diesem Medium eine Bestimmung des Menschen ableiten, dann wäre sie sich ihres Ermöglichungsgrundes nicht bewußt. Sie darf

348 FRISCH, Tagebuch, S. 26.

349 Zur Diskussion um diesen Begriff vgl. THIELICKE, Ethik I, S. 245ff.

350 Sie bewahrt den Menschen beispielsweise davor, von der »Rattenebenbildlichkeit« her bestimmt zu werden; vgl. dazu WELLEK, Psychologie, S. 163: »An die Stelle der Gottesebenbildlichkeit tritt die Rattenebenbildlichkeit. Ein Großteil der behavioristischen Psychologie beruht auf Rattenversuchen: Von diesen erfolgt dann ohne Vorbehalt der Rückschluß auf den Menschen.«

die Offenheit des Menschen nicht verschließen (vgl. die Abwehrmechanismen: Anlage, Umwelt).

10.2 Die sozial-strukturelle Dynamik von Wahrheit als Vertrauen

Die Existenz »steht immer schon« in bestimmten geschichtlich bedingten Verhältnissen. Trifft Wahrheit als Vertrauen den Vertrauensgrund der Vernunft, die existenzgebunden ist, so auch deren sozialgeschichtlichen Kontext.
Wenn Menschen von der Wahrheit als Vertrauen getragen werden und so den Ermöglichungsgrund ihrer Vernunft geschichtlich offenhalten, wird ihre Vernunft zu »Verstande gebracht«, zur Sachlichkeit befreit. Sachlichkeit meint dann nicht mehr die alte gescheiterte absolute Objektivität, sondern vernünftige Offenheit – im Wissen um die Geschichtlichkeit der Vernunft.
Diese Sachlichkeit steht nicht nur an der Wiege der Vernunft, sondern ist ihr ständiger und zugleich gefährdeter Begleiter.[351]
Der Ermöglichungsgrund der Sachlichkeit, Vertrauen, ist ein »geschenkter«. Vertrauen hat sich ja nicht selbst ermöglicht. Es braucht sich nicht zu ängstigen, verlorenzugehen. Nur einen Besitz kann man verlieren, Vertrauen besitzt man aber nicht, sondern es trägt einen. Nur wer Vertrauen erfahren hat, kann Vertrauen weitergeben.[352] Vertrauen wir Vertrauensunwürdigen oder denen, die nie Vertrauen erfahren haben, so *provozieren* wir aber *Gegenvertrauen.* Daß diese Provokation möglich ist, liegt darin begründet, daß Vertrauen der Ermöglichungsgrund unserer Vernunft ist. Selbst wer diesen Grund noch so sehr verschüttet hat, praktiziert Vertrauen in irgendeiner Weise – sonst könnte er überhaupt nicht leben.
Da aber kein Mensch »abstrakt« lebt, führt dieses Vertrauen auch zum Bedenken der sozial-strukturellen Probleme und deren Ver-

---

[351] Also nicht nur, daß »Offenbarung« ein Vorreiter für die Vernunft wäre, ihrer »Jugendzeit« angehörte, wie bei LESSING (vgl. Erziehung, S. 27ff).
[352] Vgl. dazu den Psychoanalytiker ERIKSON, der Ur-Vertrauen an der entscheidenden Stelle auch von Religion vermittelt ansieht (Identität und Lebenszyklus, S. 85).

änderung. Die zur Sachlichkeit befreite Vernunft wird sozial-strukturell wirksam.
Wir wollen dies kurz an einem eigenen Erfahrungsbeispiel aus der Resozialisierungsarbeit mit Strafgefangenen verdeutlichen. Wenn wir den Gefangenen Vertrauen schenken, das ihnen tagtäglich – z. B. von Aufsichtsbeamten – abgesprochen wird, dann gilt es, diese *sozial-strukturellen Sperren* zu überwinden. Wir müssen Veränderungspläne entwickeln. Dazu benötigen wir vertrauensvolle Gespräche mit der Anstaltsleitung. Doch deren Möglichkeiten sind gesetzlich begrenzt. Wir müssen größere Pläne schmieden. Dies führt zur Einwirkung auf politischer Ebene bis hin zu gesamtgesellschaftlichen Theorien. In dieser Weise wird Vertrauen sozial-strukturell wirksam.
Die soziale Verantwortung hat aber als Zielvorstellung, dem Menschen seine Offenheit zu bewahren. Deshalb wird diese soziale Verantwortung *sozial-strukturell-dynamisch:* Sie kann dann nicht bestimmte bestehende Strukturen als gegeben, als »absolut richtig«, als die besten ansehen, nur als die vorläufig besten.
Vertrauen als geschichtliche Offenheit führt zu einer permanenten sozial-strukturellen Veränderung. Vertrauen bleibt offen, fixiert sich nicht an ein Idealbild gesellschaftlicher Wirklichkeit, auch nicht an einen geschichtlichen Endzustand. Diese Fixierungen entsprechen auf struktureller Ebene doch den anthropologischen Bildern. Und in der Tat liegen in solchen Entwürfen implizit Definitionen des Menschen vor (vgl. Teil 8).
Nicht nur Wissenschaft ist – vgl. POPPER – ein Spiel, sondern auch unsere Sozialtheorien. Sie vereinen den Ernst des Willens zur Veränderung mit der heiteren Gelassenheit ihrer Vorläufigkeit. Wer sein Vertrauen auf den geschichtlich handelnden Gott setzt, verändert die sozial-strukturelle Wirklichkeit ohne utopischen Zwang, vertrauend darauf, daß er nie Endgültiges[353] schaffen wird. Spielend – wie ein Kind.
Vertrauend darauf, daß das Reich Gottes nicht durch seine An-

---

353 Es ist für Eingeweihte unschwer zu erkennen, daß unsere Gedanken hier von BONHOEFFERS Unterscheidung zwischen »Vorletztem« und »Letztem« inspiriert sind (vgl. Widerstand, S. 86). Gerade an dieser Stelle hebt BONHOEFFER die Bedeutung des Alten Testamentes hervor.

strengung herbeigeführt wird: Denn der geschichtlich handelnde Gott wird es selbst herbeiführen, um es von unseren endgeschichtlichen Fixierungen freizuhalten.

In dieser angedeuteten Weise führt Wahrheit als Vertrauen zur *Ideologiekritik.*

Unter »Ideologie«[354] verstehen wir in unserem Ansatz eine Verfestigung von Thesen, Anschauungen, Meinungen und existentiellem Verhalten, die sich nicht mehr in Frage stellen lassen. Wir haben ihre Symptome im Laufe unserer Abhandlung ja eingehend immer wieder unter die Lupe genommen. Wahrheit als Vertrauen wäre in der von uns entfalteten Dynamik der Ansatz, solche Verfestigungen zu entlarven, um die Offenheit der Vernunft, eben ihren Vertrauensgrund freizulegen.

So führt Wahrheit als Vertrauen auch zu einer weiteren Rückkopplung, einer *theologischen Selbstkritik:* Theologische Vernunft darf sich ebenfalls nicht verfestigen, immunisieren. Sie muß offen sein für die Infragestellung durch andere Wissenschaften.

Zum einen widerspräche eine dogmatische Behauptung absoluten Wissens unserem entwickelten Wahrheitsbegriff und der Geschichtlichkeit der Vernunft. Zum anderen widerspräche sie dem inhaltlich entwickelten biblischen Gottesglauben, der seine Pointe in der geschichtlichen Offenheit hat.

Wissenschaft und biblischer Gottesglaube treffen sich in der Endlichkeit der Vernunft, an ihrem Ermöglichungsgrund Vertrauen.

10.3 Die Einheit von Theorie und Praxis in Wahrheit als Vertrauen

Wenn Vertrauen der Ermöglichungsgrund der Vernunft ist, Wahrheit als Vertrauen Leben ermöglicht, dann finden Theorie und Praxis in Wahrheit als Vertrauen zur Einheit.

Alle Positionen, die wir in unserer Abhandlung untersuchten oder

---

[354] Wir kommen in dieser Weise HORKHEIMERS Abneigung gegen Verfestigungen nahe, der – als Jude – doch viele alttestamentliche Denkzüge in seiner Theorie vereint hat, vgl. etwa: »... für mich (blieb es) die Hauptsache..., daß Gott nicht darstellbar ist, daß aber dieses Nicht-Darstellbare der Gegenstand unserer Sehnsucht ist.« (Sehnsucht, S. 77.) Zu den verschiedenen Ideologie-Kritiken vgl. den Sammelband von LENK, Ideologie.

streiften, hatten doch eines gemeinsam: Das Wissen darum, daß *etwas* nicht in Ordnung ist.

Bei WITTGENSTEIN war die Umgangssprache »verhext«, bei CARNAP ihre Syntax nicht in Ordnung. POPPER litt unter dem Subjektivismus der Protokollsätze. Er wollte das Subjekt völlig aus dem Überprüfungszusammenhang ausklammern, mußte aber darauf vertrauen, daß es zu keiner babylonischen Sprachverwirrung kommt. Dies wäre das Ende des Wissenschaftsspiels. (Bekanntlich wurde der Turm zu Babel *nach* dem Sündenfall errichtet!) Und nach HABERMAS war unsere Kommunikation »verzerrt«.

Bei allen entzündete sich an diesem Dilemma die Hoffnung auf ein »Neues«: Bei CARNAP auf eine neue Sprache, bei POPPER die Hoffnung auf Objektivität, HABERMAS machte den Vorgriff auf »die ideale Sprechsituation«.

Und selbst wenn wir alle wissenschaftlichen Fragen und Probleme beantwortet hätten, wäre nach CARNAP (wie WITTGENSTEIN) noch kein einziges praktisches Lebensproblem gelöst.

Daß wir aber diese Probleme überhaupt nicht trennen können, ist wohl hinreichend deutlich geworden. Die CARNAPsche Hoffnung auf nur wohltätige Folgen der Wissenschaft überzeugt angesichts der ethischen Fragestellungen gerade anderer empirischer Forscher (Naturwissenschaftler) nicht mehr.

Wir dürfen nicht mehr nur bei der Theorie stehenbleiben, nicht mehr nur fragen: Was können wir *wissen?*, sondern auch: Was *sollen wir tun?*

Es ist das Verdienst der Dialektiker, vor allem von HABERMAS, Theorie und Praxis miteinander zu verbinden. Der Vorgriff auf die ideale Sprechsituation impliziert das »richtige *Leben*«.

Die Sehnsucht nach »richtigem Leben«, »neuer Sprache«, »gesunder Syntax« usw. ist verständlich – wie MARCUSES[355] Hoffnung auf den »neuen Menschen«.

Woher sollen wir ihn nehmen?[356]

---

355 Vgl. bes. MARCUSE, Eros und Kultur, S. 195f.

356 Vgl. MITSCHERLICH, Stadt der Zukunft, S. 149: Stadtplanung – also Strukturplanung – » darf nicht den Ehrgeiz haben, durch neue Häuser, neue Stadtgebilde die gesuchten neuen Menschen zu erzeugen. Umgekehrt: Nur ihrer Lage ansichtig gewordene Menschen könnten den Mut finden, jene Tabus zu brechen... *Woher diese Menschen nehmen?* « (Hervorhebung von uns).

Die Fragen spitzen sich noch weiter zu: Nicht mehr nur: Wie sollen wir leben?, sondern: Wie können wir leben?
Was können wir wissen?
Wie sollen wir leben?
Womit können wir leben?
Wahrheit als Vertrauen führt zur Gruppe, zur Gemeinschaft. Die Plausibilitätsstruktur war Voraussetzung der Intersubjektivität. Wahrheit als Vertrauen könnte die Chance sein für Gruppen, die dem geschichtlich wirksamen Gott vertrauen, eine neue, von »Verzerrungen« freie, »chancengleiche« Sprache zu entwickeln. Hier könnte Wahrheit als Vertrauen umfassend gelebt werden: Die zur Sachlichkeit befreite Vernunft entwickelt mit Lust und Liebe in Theorie und Praxis die Phantasie sozialer Veränderung. In dieser von uns entfalteten Weise bekommt Theologie einen neuen Auftrag: Wissenschaftsseelsorge. Wohl gemerkt, nicht nur Sorge um die Subjekte, die Wissenschaftler, sondern auch für Wissenschaft selbst. Unsere Theorien sind ja menschliche Theorien. Die Subjekte sind im theoretischen Prozeß enthalten, dieser wirkt wiederum auf sie zurück. Beides läßt sich nicht trennen.
Theologie in diesem Sinne würde die umfassendste Falsifikationstheorie entwickeln. Sie nimmt den Theorien ihren Totalitätsanspruch, weist die Vernunft auf ihre versteckten Axiome hin, will den Ermöglichungsgrund Vertrauen freilegen, um durch Wahrheit als Vertrauen den Weg zum Leben zu bahnen.
Jesus sagt: »Ich bin der Weg, die Wahrheit und das Leben«.
Wir vertrauen darauf.

Literaturverzeichnis

Die in den Anmerkungen angegebenen Stichworte verweisen auf dieses Verzeichnis. Um ein schnelleres Auffinden zu ermöglichen, trennen wir hier Monographien und Zeitschriftenartikel nicht, sondern ordnen beide zusammen nach Verfassernamen *und* Titeln alphabetisch.

1 ABEL, TH.: The operation called Verstehen, in: ALBERT, H. (Hrsg.) Nr. 5, S. 177ff.

2 ADMONI, W. G.: Grundlagen der Grammatiktheorie, Heidelberg 1971.

3 ALBERT, H.: Theologische Holzwege. Gerhard Ebeling und der rechte Gebrauch der Vernunft, Tübingen 1973.

4 ALBERT, H.: Theorien in den Sozialwissenschaften, in: ALBERT, H. (Hrsg.) Nr. 6, S. 3ff.

5 ALBERT, H. (Hrsg.): Theorie und Realität, Heidelberg 1964[1].

6 ALBERT, H. (Hrsg.): Theorie und Realität. Ausgewählte Aufsätze zur Wissenschaftslehre der Sozialwissenschaften, Tübingen 1972[2].

7 ALBERT, H.: Traktat über kritische Vernunft, Tübingen 1969[2].

8 ALBERT, H., TOPITSCH, E. (Hrsg.): Werturteilsstreit, Darmstadt 1971 (Wege der Forschung CLXXV).

9 ALBERTUS MAGNUS: Summa theologica I, ed. BORGNET, A., t. 31, Paris 1890ff.

10 ALTHAUS, P.: Der Brief an die Römer (Das Neue Testament deutsch, hrsg. v. ALTHAUS, P. u. FRIEDRICH, G., Bd. 3), Göttingen 1959[9].

11 ALTHAUS, P.: Die christliche Wahrheit, Gütersloh 1969[8].

12 ALTHAUS, P.: Die Theologie Martin Luthers, Gütersloh 1963[2].

13 ARISTOTELES: Aristotelis Categoriae et liber de Interpretatione, ed. MINIO-PALUELLO, L., Oxford 1949.

14 ARISTOTELES: Metaphysik, deutsch, hrsg. v. CARVALLO, H. u. GRASSI, E., Reinbek 1966.

15 AYER, A. J.: Language, Truth and Logic, London 1958.

16 BARTH, K.: Die protestantische Theologie im 19. Jahrhundert, Zürich 1960[3].

17 BARTH, K.: Die kirchliche Dogmatik, I/1 Zürich 1964[8]; I/2 Zürich 1960[5]; II/1 Zürich 1958[4]; II/2 Zürich 1959[4].

18 BARTH, K.: Nein! Antwort an Emil Brunner, in: Theologische Existenz 14, München 1934.

19 BAUER, W.: Griechisch-Deutsches Wörterbuch zu den Schriften des Neuen Testaments und der übrigen urchristlichen Literatur, Berlin 1958[5].

20 BERGER, P., LUCKMANN, TH.: Die gesellschaftliche Konstruktion der Wirklichkeit, Frankfurt 1969.

21 BOCHENSKI, J.: Die zeitgenössischen Denkmethoden, Berlin/München 1969[4].

22 BOCHENSKI, J.: Formale Logik, Freiburg/München 1970[3] (Orbis Academicus III, 2).

23 BOCHENSKI, J.: Logik der Religion, Köln 1968.

24 BOCHENSKI, J., MENNE, A.: Grundriß der Logistik, Paderborn 1973[4].
25 BÖHNER, PH., GILSON, E.: Christliche Philosophie von ihren Anfängen bis Nikolaus von Cues, Paderborn 1954[3].
26 BOMAN, TH.: Das hebräische Denken im Vergleich mit dem griechischen, Göttingen, 1968[5].
27 BONHOEFFER, D.: Widerstand und Ergebung, München/Hamburg 1964 (Siebenstern 1).
28 BROCKELMANN, C.: Hebräische Syntax, Neukirchen 1956.
29 BULTMANN, R.: Art. ἀλήθεια (aletheia), in: Theologisches Wörterbuch zum Neuen Testament (THWNT), hrsg. v. KITTEL, G., Bd. I, S. 239ff, Stuttgart 1933 (1957).
30 BULTMANN, R.: Art. γιγνώσκω (gignoskein), in: THWNT I, S. 688ff, vgl. Nr. 29.
31 BULTMANN, R.: Antwort an H. Thielicke, in: Kerygma und Mythos, hrsg. v. BARTSCH, H. W., I, S. 221ff, Hamburg 1960[4].
32 BULTMANN, R.: Das Evangelium des Johannes (Kritisch-exegetischer Kommentar über das Neue Testament, begr. v. MEYER, A. W., 2. Abt.), Göttingen 1962[17].
33 BULTMANN, R.: Das Problem der Hermeneutik, in: Glauben und Verstehen II, S. 211ff, Tübingen 1961[3].
34 BULTMANN, R.: Jesus Christus und die Mythologie, in: Glauben und Verstehen IV, S. 141ff, Tübingen 1965.
35 BULTMANN, R.: Neues Testament und Mythologie, in: Kerygma und Mythos I (vgl. Nr. 31), S. 15ff.
36 BULTMANN, R.: Theologie des Neuen Testaments, Tübingen 1961[4].
37 BULTMANN, R.: Weissagung und Erfüllung, in: Glauben und Verstehen II, S. 162ff, Tübingen 1961[3].

38 CARNAP, R.: Bedeutung und Notwendigkeit, Wien/New York 1972.
39 CARNAP, R.: Beobachtungssprache und theoretische Sprache, in: Logica. Studia Paul Bernays dedicata, Neuchâtel 1959, S. 32ff.
40 CARNAP, R.: Der logische Aufbau der Welt (1928), Hamburg 1974[4].
41 CARNAP, R.: Die alte und die neue Logik, in: Erkenntnis (vgl. Nr. 54) 1, S. 12ff, Leipzig 1930/31.
42 CARNAP, R.: Einführung in die Philosophie der Naturwissenschaft, München 1969.
43 CARNAP, R.: Grundlagen der Logik und Mathematik, München 1973.
44 CARNAP, R.: Induktive Logik und Wahrscheinlichkeit, bearb. v. STEGMÜLLER, W., Wien 1959.
45 CARNAP, R.: Logische Syntax der Sprache, Wien/New York 1968[2].
46 CARNAP, R.: Physikalische Begriffsbildung, (Libelli CLXXIV), Darmstadt 1966.
47 CARNAP, R.: Scheinprobleme in der Philosophie, Frankfurt 1971 (Nachdruck 1961[2]).
48 CARNAP, R.: Einführung in die symbolische Logik, Wien/New York 1968[3] (Nachdruck 1973).
49 CARNAP, R.: Testability and Meaning, in: Philosophy of Science, 1936, S. 419ff; 1937, S. 1ff.
50 CARNAP, R.: The Methodological Charakter of Theoretical Concepts, in: FEIGL, H., SCRIVEN, M. (Hrsg.), Minnesota Studies in the Philosophy of Science, Bd. I, S. 38ff, Minneapolis 1968[6] (deutsch vgl. Nr. 51).

51 CARNAP, R.: Theoretische Begriffe der Wissenschaft: Eine logische und methodologische Untersuchung, in: Zeitschrift für philosophische Forschung, Bd. 14, S. 209ff und 571ff, München 1960.

52 CARNAP, R.: Über Protokollsätze, in: Erkenntnis 3 (vgl. Nr. 54) S. 215ff, Leipzig 1932/33.

53 CARNAP, R.: Überwindung der Metaphysik durch logische Analyse der Sprache, in: Erkenntnis 2, S. 219ff, Leipzig 1931.

54 CARNAP, R., REICHENBACH, H. (Hrsg.): Zeitschrift »Erkenntnis«, Leipzig 1930/31 (Bd. I)ff.

55 CULLMANN, O.: Heil als Geschichte, Tübingen 1965.

56 DILTHEY, W.: Die Entstehung der Hermeneutik, in: Gesammelte Schriften V, hrsg. v. MISCH, G., S. 317ff, Stuttgart/Göttingen 1957².

57 EBELING, G.: Kritischer Rationalismus? Zu Hans Alberts ›Traktat über die kritische Vernunft‹, Tübingen 1973.

58 EBELING, G.: Wort Gottes und Hermeneutik, in: Zeitschrift für Theologie und Kirche, hrsg. v. EBELING, G., Nr. 56, S. 224ff, Tübingen 1959.

59 EIBL-EIBESFELDT, I.: Der vorprogrammierte Mensch, Wien/Zürich/München 1973.

60 ENGELS, F.: Dialektik der Natur, in: Marx-Engels-Werke, hrsg. v. Institut für Marxismus-Leninismus beim ZK der SED, Bd. 20, S. 305ff, Berlin 1972.

61 ENGELS, F.: Herrn Eugen Dührings Umwälzung der Wissenschaft, in: MEW (vgl. Nr. 60) Bd. 20, S. 3ff, Berlin 1972.

62 ERIKSON, E.: Identität und Lebenszyklus, Frankfurt 1971.

63 FEUERBACH, L.: Das Wesen der Religion, Köln 1967 (Ausgewählte Texte zur Religionsphilosophie, hrsg. v. ESSER, A.).

64 FOERSTER, W.: Art. κτίζω (ktizo), in: THWNT (vgl. Nr. 29) III, S. 999ff, Stuttgart 1938 (1957).

65 FRANKL, V.: Der Pluralismus der Wissenschaften und das Menschliche im Menschen, in: Das neue Menschenbild, hrsg. v. KOESTLER, A. u. SMYTHIES, J., S. 374ff, Wien/München/Zürich 1970.

66 FREGE, G.: Über Sinn und Bedeutung, in: Kleine Schriften, hrsg. v. ANGELELLI, I., S. 143ff, Darmstadt 1967.

67 FREUD, A.: Das Ich und die Abwehrmechanismen, München o. J., 5. A. (Kindler TB 2001).

68 FRISCH, M.: Tagebuch 1946–1949, München/Zürich 1969.

69 GADAMER, H.-G.: Wahrheit und Methode, Tübingen 1972³.

70 GAERTNER, B.: The Areopagus Speech and natural revelation, Uppsala 1955.

71 GAWLICK, G.: Art. »Wahrheit II. Philosophisch«, in: Die Religion in Geschichte und Gegenwart, hrsg. v. GALLING, K., Bd. VI, Sp. 1518ff, Tübingen 1962³.

72 GESENIUS, W.: Hebräisches und Aramäisches Handwörterbuch über das Alte Testament (bearb. v. BUHL, F.), Berlin/Göttingen/Heidelberg 1959¹⁷.

73 GLOEGE, G.: Zur Praedestinationslehre Karl Barths, in: GLOEGE: Heilsgeschehen und Welt, Theologische Traktate I, S. 77ff, Göttingen 1965.

74 GÖRRES, A.: Alles spricht dafür, nichts Haltbares dagegen. Kritische Reflexionen eines Analytikers über den christlichen Glauben, in: ZAHRNT, H. (Hrsg.), Jesus und Freud, S. 36ff, München 1972.

75 GOLLWITZER, H.: Gottes Offenbarung und unsere Vorstellung von Gott, München 1964².
76 GOLLWITZER, H.: Die Existenz Gottes im Bekenntnis des Glaubens, München 1968⁵.
77 GOLLWITZER, H., WEISCHEDEL, W.: Denken und Glauben. Ein Streitgespräch, Stuttgart/Berlin/Köln/Mainz 1965².
78 GOPPELT, L.: Begründung des Glaubens durch Jesus, in: GOPPELT, L.: Christologie und Ethik. Aufsätze zum Neuen Testament, S. 44ff, Göttingen 1968.
79 GOPPELT, L.: Das Problem der Bergpredigt. Jesu Gebot und die Wirklichkeit dieser Welt, in: GOPPELT, L. (vgl. Nr. 78), S. 28ff, Göttingen 1968.
80 GOPPELT, L.: Wahrheit als Befreiung. Das Neutestamentliche Zeugnis von der Wahrheit nach dem Johannes-Evangelium, in: MÜLLER-SCHWEFE, H.-R. (vgl. Nr. 154), S. 80ff, Göttingen 1965.

81 HABERMAS, J.: Analytische Wissenschaftstheorie und Dialektik, in: ADORNO, TH. W. u. a. (Hrsg.), Der Positivismusstreit in der deutschen Soziologie, S. 155ff, Neuwied/Berlin 1970².
82 HABERMAS, J.: Der Universalitätsanspruch der Hermeneutik, in: Hermeneutik und Ideologiekritik, S. 120ff, Frankfurt 1973.
83 HABERMAS, J.: Erkenntnis und Interesse, Frankfurt 1968.
84 HABERMAS, J.: Gegen einen positivistisch halbierten Rationalismus, in: ADORNO, TH W. (vgl. Nr. 81), S. 235ff, Neuwied/Berlin 1970².
85 HABERMAS, J., LUHMANN, N.: Theorie der Gesellschaft oder Sozialtechnologie. Was leistet die Systemforschung?, Frankfurt 1971.
86 HABERMAS, J.: Zur Logik der Sozialwissenschaften, in: Philosophische Rundschau, hrsg. v. GADAMER, H.-G. u. KUHN, H., Beiheft 5, Tübingen 1967.
87 HATCH, E., REDPATH, H.: A Concordance to the Septuaginta and the other Greek Versions of the Old Testament, Graz 1954.
88 HEGEL, G. W.: Enzyklopädie der philosophischen Wissenschaften im Grundrisse II, Werke 9, hrsg. v. MOLDENHAUER, E., u. MICHEL, K. M., Frankfurt 1970.
89 HEIDEGGER, M.: Sein und Zeit, Tübingen 1963¹⁰.
90 HEIDEGGER, M.: Was ist Metaphysik?, Frankfurt 1965⁹.
91 HEIM, K.: Das Gewißheitsproblem in der systematischen Theologie bis zu Schleiermacher, Leipzig 1911.
92 HEISENBERG, W.: Änderungen der Denkstruktur im Fortschritt der Wissenschaft, in: HEISENBERG, W.: Schritte über Grenzen. Gesammelte Reden und Aufsätze, S. 275ff, München 1971.
93 HEISENBERG, W.: Das Naturbild der heutigen Physik, in: HEISENBERG, W. (vgl. Nr. 92), S. 109ff, München 1971.
94 HEISENBERG, W.: Physikalische Prinzipien der Quantentheorie, Mannheim/Wien/Zürich 1958.
95 HEMPEL, C. G.: Der Begriff der kognitiven Signifikanz: eine erneute Betrachtung, in: SINNREICH, J. (Hrsg.), Zur Philosophie der idealen Sprache, S. 126ff, München 1972.
96 HEMPEL, C. G.: Problems and Changes in the Empiricist Criterion of Meaning, in: LINSKY, L. (Hrsg.), Semantics and the Philosophy of Language, S. 163ff, Urbana/Chicago/London 1952. Deutsche Übersetzung: Probleme und Modifikationen des empiristischen Sinnkriteriums, in: SINNREICH (vgl.

Nr. 95), S. 104ff, München 1972.
97 HEMPEL, C. G.: Wissenschaftliche und historische Erklärungen, in ALBERT, H. (vgl. Nr. 6), S. 237ff, Tübingen 1972².
98 HOFFMEISTER, J. (Hrsg.): Wörterbuch der philosophischen Begriffe, Hamburg 1955² (Philos. Bibliothek 225).
99 HORKHEIMER, M.: Die Sehnsucht nach dem ganz Anderen, Hamburg 1970 (Stundenbuch 97).
100 HORKHEIMER, M.: Traditionelle und kritische Theorie, in: Kritische Theorie II (hrsg. v. SCHMIDT, A.), S. 137ff, Frankfurt 1968.
101 HUME, D.: Eine Untersuchung über den menschlichen Verstand, hrsg. v. RICHTER, R., Hamburg 1964 (Philos. Bibliothek 35).

102 IWAND, H. J.: Erläuterungen, in: Vom unfreien Willen, M. Luther Ausgewählte Werke, hrsg. v. BORCHERDT, H. H. u. MERZ, G., Ergänzungsreihe Bd. 1, S. 251ff, München 1962³.
103 IWAND, H. J.: Rechtfertigungslehre und Christusglaube, München 1961² (Theol. Bücherei 14).
104 IWAND, H. J.: Studien zum Problem des unfreien Willens, in: IWAND, H. J.: Um den rechten Glauben. Gesammelte Aufsätze, S. 31ff, München 1965² (Theol. Bücherei 9).

105 JØRGENSEN, P. H.: Die Bedeutung des Subjekt-Objektverhältnisses für die Theologie. Der theoontologische Konflikt mit der Existenzphilosophie, Hamburg-Bergstedt 1967.
106 JOEST, W.: In welchem Sinn wollen theologische Aussagen wahr sein?, in: Wahrheit und Verkündigung (M. SCHMAUS zum 70. Geburtstag, hrsg. v. SCHEFFCZYK, L. u. a.), S. 1339ff, München/Paderborn/Wien 1967.
107 JORDAN, P.: Der Naturwissenschaftler vor der religiösen Frage. Abbruch einer Mauer, Oldenburg/Hamburg 1968⁵.
108 JORDAN, P.: Schöpfung und Geheimnis. Antworten aus naturwissenschaftlicher Sicht, Oldenburg/Hamburg 1970.

109 KÄSEMANN, E.: Das Problem des historischen Jesus, in: KÄSEMANN, E., Exegetische Versuche und Besinnungen I, S. 187ff, Göttingen 1964³.
110 KAMLAH, W.: Wissenschaft, Wahrheit, Existenz, Stuttgart 1960.
111 KAMLAH, W., LORENZEN, P.: Logische Propädeutik oder Vorschule des vernünftigen Redens, Mannheim/Wien/Zürich 1967.
112 KANT, I.: Die Religion innerhalb der Grenzen der bloßen Vernunft, in: Kants Werke, hrsg. v. WEISCHEDEL, W., Bd. 7, S. 645ff, Darmstadt 1968.
113 KANT, I.: Grundlegung zur Metyphysik der Sitten, in: Bd 6 (vgl. Nr. 112), S. 7ff, Darmstadt 1968.
114 KANT, I.: Kritik der praktischen Vernunft, in: Bd. 6 (vgl. Nr. 112), S. 103ff, Darmstadt 1968.
115 KANT, I.: Kritik der reinen Vernunft, in: Bd. 3 und 4 (vgl. Nr. 112), Darmstadt 1968.
116 KANT, I.: Metaphysische Anfangsgründe der Naturwissenschaft, in: Bd. 8 (vgl. Nr. 112), S. 7ff, Darmstadt 1968.
117 KANT, I.: Prolegomena zu einer jeden künftigen Metaphysik, die als Wissenschaft wird auftreten können, in: Bd. 5 (vgl. Nr. 112), S. 111ff, Darmstadt 1968.
118 KITTEL, R. (Hrsg.): Biblia Hebraica, Stuttgart 1961¹².

119 KITTEL, G.: Art. λέγω (logos), in: THWNT (vgl. Nr. 29) IV, S. 100ff, Stuttgart 1942.
120 KLAUS, G.: Moderne Logik, Berlin 1972⁶.
121 KOCH, K.: Das Buch der Bücher. Die Entstehungsgeschichte der Bibel, Berlin/Göttingen/Heidelberg 1963 (Verständliche Wissenschaft 83).
122 KOCH, K.: Der hebräische Wahrheitsbegriff im griechischen Sprachraum, in: MÜLLER-SCHWEFE, H.-R. (vgl. Nr. 154) S. 47ff, Göttingen 1965.
123 KOCH, K.: Gibt es ein hebräisches Denken?, in: Pastoralblätter (hrsg. v. STANGE, E.), Jg. 108, S. 258ff, Stuttgart/Berlin 1968.
124 KRAUS, H.-J.: Prophetie und Politik, Theologische Existenz heute, NF 36 (hrsg. v. STECK, K. G. u. EICHHOLZ, G.), München 1952.
125 KRAUS, H.-J.: Wahrheit in der Geschichte, in: MÜLLER-SCHWEFE, H.-R. (vgl. Nr. 154), S. 35ff, Göttingen 1965.
126 KUHN, TH.: Die Struktur wissenschaftlicher Revolutionen, Frankfurt 1973.

127 LAKATOS, I., MUSGRAVE, A. (Hrsg.): Criticism and the Growth of Knowledge, Cambridge 1974³.
128 LAKATOS, I.: Falsification and the Methodology of Scientific Research Programmes, in: LAKATOS, I., MUSGRAVE, A. (vgl. Nr. 127) S. 91ff, Cambridge 1974³.
129 LAKATOS, I.: Popper zum Abgrenzungs- und Induktionsproblem, in: LENK, H. (Hrsg.), Neue Aspekte der Wissenschaftstheorie, S. 75ff, Braunschweig 1971.
130 LANGE, R.: Das Rätsel Kriminalität, Frankfurt/Berlin 1970.
131 LEIBNIZ, G. W.: Neue Abhandlungen über den menschlichen Verstand, (übersetzt, erläutert und eingeleitet v. CASSIRER, E.), Hamburg 1971 (Philos. Bibliothek 69).
132 LENK, K. (Hrsg.): Ideologie. Ideologiekritik und Wissenssoziologie, Darmstadt/Neuwied 1972⁶.
133 LESSING, G. E.: Die Erziehung des Menschengeschlechts und andere Schriften, Stuttgart 1969 (Reclam 8968).
134 LINK, W.: Das Ringen Luthers um die Freiheit der Theologie von der Philosophie, (hrsg. v. WOLF, E. u. MEZGER, M.), Darmstadt 1969³.
135 LISOWSKY, G.: Konkordanz zum hebräischen Alten Testament, Stuttgart 1958².
136 LOHMEYER, E.: Das Evangelium des Markus (Kritisch-exegetischer Kommentar zum Neuen Testament, begr. v. MEYER, H. A. W., 1. Abt. Bd. 2), Göttingen 1963¹⁶.
137 LOHSE, B.: Ratio und Fides, Göttingen 1958.
138 LOOFS, F.: Leitfaden zum Studium der Dogmengeschichte, Teil 1 u. 2, hrsg. v. ALAND, K., Tübingen 1959⁶.
139 LORENZEN, P.: Formale Logik, Berlin 1970⁴.
140 LORENZEN, P.: Methodisches Denken, Frankfurt 1969.
141 LUTHER, M.: Der kleine Katechismus, in: Bekenntnisschriften der evangelisch-lutherischen Kirche, S. 499ff, Göttingen 1959⁴.
142 LUTHER, M.: De servo arbitrio, in: Luthers Werke in Auswahl, hrsg. v. CLEMEN, O., Bd. 3, S. 94ff, Berlin 1959⁵.

143 MARCUSE, H.: Eros und Kultur, Stuttgart 1957.
144 MARX, K., ENGELS, F.: Die deutsche Ideologie, in: MEW (vgl. Nr. 60) Bd. 3, S. 9ff, Berlin 1969.

145 MARX, K.: Thesen über Feuerbach, in: MEW (vgl. Nr. 60) Bd. 3, S. 5ff, Berlin 1969.
146 MELANCHTHON, PH.: Loci communes von 1521 (Melanchthons Werke in Auswahl, hrsg. v. STUPPERICH, R., Bd. II/1), Gütersloh 1952.
147 MENNE, A.: Einführung in die Logik, München 1973².
148 MESCHKOWSKI, H.: Hundert Jahre Mengenlehre, München 1973.
149 MICHEL, O.: Art. οἶκος (oikos), in: THWNT (vgl. Nr. 29) V, S. 122ff, Stuttgart 1954.
150 MITSCHERLICH, A.: Thesen zur Stadt der Zukunft, Frankfurt 1971.
151 MITTELSTAEDT, P.: Philosophische Probleme der modernen Physik, Mannheim/Wien/Zürich 1972⁴.
152 MOLTMANN, J.: Perspektiven der Theologie. Gesammelte Aufsätze, München/Mainz 1968.
153 MÜLLER-SCHWEFE, H.-R.: Die Sprache und das Wort. Grundlagen der Verkündigung (Homiletik Bd. 1), Hamburg 1961.
154 MÜLLER-SCHWEFE, H.-R. (Hrsg.): Was ist Wahrheit?, Göttingen 1965.
155 MÜLLER-SCHWEFE, H.-R.: Wahrheit als Sprachereignis, in: MÜLLER-SCHWEFE (Nr. 154), S. 162ff, Göttingen 1965.

156 NAGEL, E.: Über die Aussage: ›Das Ganze ist mehr als die Summe seiner Teile‹, in: TOPITSCH, E. (Hrsg.), Logik der Sozialwissenschaften, S. 225ff, Köln/Berlin 1968⁵.
157 NATORP, P.: Platos Ideenlehre, Darmstadt 1961³.
158 NESTLE, E. (Hrsg.): Novum Testamentum Graece, Stuttgart 1956⁴².
159 NEURATH, O.: Protokollsätze, in: Erkenntnis 3 (vgl. Nr. 54), S. 204ff, Leipzig 1932/33.
160 NEURATH, O.: Wege der wissenschaftlichen Weltauffassung, in: Erkenntnis 1 (vgl. Nr. 54), S. 106ff, Leipzig 1930/31.

161 OPP, K. D.: Methodologie der Sozialwissenschaften, Reinbek 1970.
162 OPP, K. D.: Verhaltenstheoretische Soziologie, Reinbek 1972.

163 PANNENBERG, W.: Dogmatische Thesen zur Lehre von der Offenbarung, in: PANNENBERG, W. (Hrsg.), Offenbarung als Geschichte, S. 91ff, Göttingen 1970⁴.
164 PANNENBERG, W.: Grundfragen systematischer Theologie. Gesammelte Aufsätze, Göttingen 1971².
165 PANNENBERG, W.: Wissenschaftstheorie und Theologie, Frankfurt 1973.
166 PATZIG, G.: Nachwort, in (und zu): CARNAP, R., Scheinprobleme (vgl. Nr. 47), S. 85ff, Frankfurt 1971.
167 PEDERSEN, J.: Israel. Its life and Culture, Bd. I u. II, London/Copenhagen 1964 (4. Neudruck), Bd. III u. IV London/Copenhagen 1940.
168 PLATO: PHAEDO, Platonis Opera I, ed. BURNET, I., Oxonii 1967.
169 PLATO: Phaidon, Politeia, in: Sämtliche Werke Bd. III (übersetzt v. SCHLEIERMACHER, F., hrsg. v. OTTO, W. F. u. GRASSI, E.), Reinbek 1962.
170 POPPER, K.: Conjektures and Refutations. The Growth of Scientific Knowledge, London 1972⁴.
171 POPPER, K.: Das Elend des Historizismus, Tübingen 1969².
172 POPPER, K.: Die offene Gesellschaft und ihre Feinde. Bd. I: Der Zauber Platons, Bern/München 1970².
173 POPPER, K.: Die offene Gesellschaft und ihre Feinde. Bd. II: Falsche Prophe-

ten. Hegel, Marx und die Folgen, Bern/München 1970².
174 Popper, K.: Die Zielsetzung der Erfahrungswissenschaft, in: Albert, H. (vgl. Nr. 6), S. 29ff, Tübingen 1972².
175 Popper, K.: Logik der Forschung, Tübingen 1971⁴.
176 Popper, K.: Naturgesetze und theoretische Systeme, in: Albert, H., (vgl. Nr. 6), S. 43ff, Tübingen 1972².
177 Popper, K.: Objektive Knowledge, Oxford 1973² (deutsch vgl. Nr. 178).
178 Popper, K.: Objektive Erkenntnis, Hamburg 1973.
179 Popper, K.: Prognose und Prophetie in den Sozialwissenschaften, in: Topitsch, E. (Hrsg.), Logik der Sozialwissenschaften, S. 113ff, Köln/Berlin 1968⁵.
180 Popper, K.: Was ist Dialektik?, in: Topitsch, E. (vgl. Nr. 179), S. 262ff, Köln/Berlin 1968⁵.
181 Prantl, C.: Über die Entwicklung der Aristotelischen Logik aus der Platonischen Philosophie, Darmstadt o. J. 2. A. (Libelli CXCV).

182 Quell, G.: Art. ἀλήθεια (aletheia), in: THWNT I (vgl. Nr. 29), S. 233ff, Stuttgart 1933 (1957).
183 Quine, W. v. O.: Philosophie der Logik, Stuttgart/Berlin/Köln/Mainz 1973.
184 Quine, W. v. O.: Zwei Dogmen des Empirismus, in: Sinnreich, J. (Hrsg.), Zur Philosophie der idealen Sprache, S. 167ff, München 1972.

185 Rad, G. v.: Das erste Buch Mose. Genesis (Das Alte Testament deutsch, hrsg. v. Weiser, A., Teilband 2/4), Göttingen 1961⁶.
186 Rad, G. v.: Das fünfte Buch Mose. Deuteronomium (ATD [vgl. Nr. 185], Teilband 8), Göttingen 1964.
187 Rad, G. v.: Kritische Vorarbeiten zu einer Theologie des Alten Testaments, in: Hennig, L. (Hrsg.), Theologie und Liturgie, S. 9ff, Kassel 1952.
188 Rad, G. v.: Theologie des Alten Testaments. Bd. I: Die Theologie der geschichtlichen Überlieferungen Israels, München 1962⁴; Bd. II: Die Theologie der prophetischen Überlieferungen Israels, München 1962³.
189 Rade, M.: Art. »Wahrheit, Wahrhaftigkeit«, in: Realenzyklopädie für protestantische Theologie und Kirche, hrsg. v. Hauck, A., Bd. 20, S. 779ff, Leipzig 1908³.
190 Rahlfs, A. (Hrsg.): Septuaginta I u. II, Stuttgart 1965⁸.

191 Sauter, G.: Vor einem neuen Methodenstreit in der Theologie? München 1970 (Theologische Existenz heute 164).
192 Sauter, G.: Wissenschaftstheoretische Kritik der Theologie, München 1973.
193 Schlatter, A.: Atheistische Methoden in der Theologie, in: Zur Theologie des Neuen Testaments und zur Dogmatik. Kleine Schriften (hrsg. v. Luck, U.), S. 134ff, München 1969 (Theol. Bücherei 41).
194 Schlatter, A.: Die philosophische Arbeit seit Descartes, Stuttgart 1959⁴.
195 Schleiermacher, F.: Hermeneutik und Kritik (Sämtliche Werke I/7, hrsg. v. Lücke, F.), Berlin 1838; (vgl. Neuausgabe von Kimmerle, H.: Schleiermacher, Hermeneutik, Heidelberg 1959).
196 Schlick, M.: Die Wende der Philosophie, in: Erkenntnis 1 (vgl. Nr. 54), S. 4ff, Leipzig 1930/31.
197 Schmidt, K. L.: Art. καλέω (ekklesia), in: THWNT (vgl. Nr. 29) III, S. 488ff, Stuttgart 1938 (1957).

198 SCHMIDT, W. H.: Alttestamentlicher Glaube und seine Umwelt. Zur Geschichte des alttestamentlichen Gottesverständnisses, Neukirchen 1968.
199 SCHMOLLER, A.: Handkonkordanz zum griechischen Neuen Testament, Stuttgart 1960[12].
200 SCHNIEWIND, J.: Das Evangelium nach Matthäus (NTD [vgl. Nr. 10], Bd. I), Göttingen 1959[8].
201 SCHOLZ, H.: Abriß der Geschichte der Logik, Freiburg/München 1959[2].
202 SCHOLZ, H.: Mathesis universalis. Abhandlungen zur Philosophie als strenger Wissenschaft (hrsg. v. HERMES, H. u. a.), Darmstadt 1969[2].
203 SCHOLZ, H.: Metaphysik als strenge Wissenschaft, Darmstadt 1965.
204 SCHOLZ, H.: Was ist unter einer theologischen Aussage zu verstehen?, in: SAUTER, G. (Hrsg.), Theologie als Wissenschaft, S. 265ff, München 1971.
205 SCHOLZ, H.: Wie ist eine evangelische Theologie als Wissenschaft möglich?, in: SAUTER, G. (vgl. Nr. 204), S. 221ff, München 1971.
206 SCHRÖDINGER, E.: Die Natur und die Griechen. Kosmos und Physik, Hamburg 1956.
207 SCHWEIZER, E.: Ego eimi..., Göttingen 1931[1] (1965[2]).
208 SCHWEIZER, E.: Gemeinde und Gemeindeordnung im Neuen Testament, Zürich 1962[5] (Abhandlungen zur Theologie des A. u. NT 35).
209 SCHWEIZER, E.: Art. σῶμα (soma), in: THWNT (vgl. Nr. 29) VII, S. 1024ff, Stuttgart 1964.
210 SEIFFERT, H.: Einführung in die Wissenschaftstheorie, Bd. 1, München 1969.
211 SIEGFRIED, TH.: Luther und Kant. Ein geistesgeschichtlicher Vergleich im Anschluß an den Gewissensbegriff, Gießen 1930.
212 SRANGER, E.: Der Sinn der Voraussetzungslosigkeit in den Geisteswissenschaften, Darmstadt o. J. (Libelli XCII).
213 STEGMÜLLER, W.: Wissenschaftliche Erklärung und Begründung. Bd. I von: Probleme und Resultate der Wissenschaftstheorie und Analytischen Philosophie, Berlin/Heidelberg/New York 1969.
214 STEGMÜLLER, W.: Theorie und Erfahrung. Bd. II von: Probleme und Resultate der Wissenschaftstheorie und Analytischen Philosophie, Berlin/Heidelberg/New York 1970.
215 STEGMÜLLER, W.: Personelle und statistische Wahrscheinlichkeit. Bd. IV von: Probleme und Resultate der Wissenschaftstheorie und Analytischen Philosophie, Berlin/Heidelberg/New York 1973.
216 STEGMÜLLER, W.: Das Universalienproblem einst und jetzt, Darmstadt 1965[2] (Libelli XCIV).
217 STEGMÜLLER, W.: Das Wahrheitsproblem und die Idee der Semantik, New York/Wien 1968[2] (Nachdruck 1972).
218 STEGMÜLLER, W.: Der Phaenomenalismus und seine Schwierigkeiten, Darmstadt 1969 (Libelli CXXXIX).
219 STEGMÜLLER, W.: Hauptströmungen der Gegenwartsphilosophie, Stuttgart 1969[4] (Kröner 308).
220 STEGMÜLLER, W.: Metaphysik, Skepsis, Wissenschaft, Berlin/Heidelberg/New York 1969[2].
221 STRÖKER, E.: Einführung in die Wissenschaftstheorie, Darmstadt 1973.

222 TARSKI, A.: Der Wahrheitsbegriff in den formalisierten Sprachen, in: Studia Philosophica I, Leopoli 1936, S. 261–405 (teilweise in: BOCHENSKI, J. [Nr. 21], S. 67ff).
223 THIELICKE, H.: Der Evangelische Glaube. Grundzüge der Dogmatik, Bd. I:

Prolegomena. Die Beziehung der Theologie zu den Denkformen der Neuzeit, Tübingen 1968.
224 THIELICKE, H.: Der Evangelische Glaube. Bd. II: Gotteslehre und Christologie, Tübingen 1973.
225 THIELICKE, H.: Offenbarung, Vernunft und Existenz. Studien zur Religionsphilosophie Lessings, Gütersloh 1967[5].
226 THIELICKE, H.: Theologische Ethik. Bd. I: Prinzipienlehre, Tübingen 1965[3].
227 THOMAS V. AQUIN: Glaube als Tugend, (Bd. 15 [Summa Theologica II/II,1–16] der deutsch-lat. Ausgabe, hrsg. v. d. Albertus-Magnus-Akademie Walberberg), Heidelberg/München/Graz/Wien/Salzburg 1950.
228 THOMAS V. AQUIN: Quaestiones disputatae de veritate, in: Quaestiones disputatae I, ed. SPIAZZI, R., Taurini 1964[10].
229 TILLICH, P.: Systematische Theologie, Bd. I, Stuttgart 1956[3].
230 TOPITSCH, E. (Hrsg.): Logik der Sozialwissenschaften, Köln/Berlin 1968[5].

231 VOGEL, H.: Wann ist ein theologischer Satz wahr?, in: Kerygma und Dogma (hrsg. v. GLOEGE, G. u. a.) 4, S. 176ff, Göttingen 1958.

232 WEBER, O.: Grundlagen der Dogmatik. Bd. I, Neukirchen 1964[3]; Bd. II, Neukirchen 1962.
233 WEISCHEDEL, W.: Der Gott der Philosophen. Bd. I, Darmstadt 1972[2]; Bd. II, Darmstadt 1972.
234 WEIZSÄCKER, C. F. v.: Die Einheit der Natur, München 1971.
235 WELLEK, A.: Psychologie, Bern/München 1965[2].
236 WELLMER, A.: Methodologie als Erkenntnistheorie. Zur Wissenschaftslehre Karl R. Poppers, Frankfurt 1972.
237 WESTERMANN, C.: Abriß der Bibelkunde, Gelnhausen/Stuttgart 1962[2] (Handbücherei Bd. I).
238 WEYL, H.: Philosophie der Mathematik und Naturwissenschaft, München/Wien 1966[3].
239 WINDELBAND, W.: Lehrbuch der Geschichte der Philosophie (hrsg. v. HEIMSOETH, H.), Tübingen 1957[15].
240 WITTGENSTEIN, L.: Philosophische Bemerkungen, in: WITTGENSTEIN, Schriften 2, Frankfurt 1970.
241 WITTGENSTEIN, L.: Philosophische Untersuchungen, Frankfurt 1971.
242 WITTGENSTEIN, L.: Tractatus logico-philosophicus. Logisch-philosophische Abhandlung, Frankfurt 1968.
243 WOLFF, H. W.: Anthropologie des Alten Testaments, München 1973.

244 ZAHRNT, H. (Hrsg.): Jesus und Freud. Ein Symposion von Psychoanalytikern und Theologen, München 1972.
245 ZIMMERLI, W.: Erkenntnis Gottes nach dem Buche Ezechiel, in: ZIMMERLI, W., Gottes Offenbarung, Gesammelte Aufsätze, S. 41ff, München 1963 (Theol. Bücherei 19).
246 ZIMMERLI, W.: Grundriß der alttestamentlichen Theologie, Stuttgart/Berlin/Köln/Mainz 1972 (Theol. Wissenschaft 3).
247 ZIMMERLI, W.: Ich bin Jahwe, in: ZIMMERLI (vgl. Nr. 245), S. 11ff, München 1963.

Personen- und Sachregister